JUSTIÇA COMENTADA

O GEN | Grupo Editorial Nacional reúne as editoras Guanabara Koogan, Santos, Roca, AC Farmacêutica, Forense, Método, LTC, E.P.U., Forense Universitária e Atlas, que publicam nas áreas científica, técnica e profissional.

Essas empresas, respeitadas no mercado editorial, construíram catálogos inigualáveis, com obras que têm sido decisivas na formação acadêmica e no aperfeiçoamento de várias gerações de profissionais e de estudantes de Administração, Direito, Enfermagem, Engenharia, Fisioterapia, Medicina, Odontologia, Educação Física e muitas outras ciências, tendo se tornado sinônimo de seriedade e respeito.

Nossa missão é prover o melhor conteúdo científico e distribuí-lo de maneira flexível e conveniente, a preços justos, gerando benefícios e servindo a autores, docentes, livreiros, funcionários, colaboradores e acionistas.

Nosso comportamento ético incondicional e nossa responsabilidade social e ambiental são reforçados pela natureza educacional de nossa atividade, sem comprometer o crescimento contínuo e a rentabilidade do grupo.

ALEXANDRE DE MORAES

JUSTIÇA COMENTADA

© 2015 by Editora Atlas S.A.

Capa: Leonardo Hermano
Composição: Luciano Bernardino de Assis

Dados Internacionais de Catalogação na Publicação (CIP)
(Câmara Brasileira do Livro, SP, Brasil)

Moraes, Alexandre de
Justiça comentada / Alexandre de Moraes.
São Paulo : Atlas, 2015.

Bibliografia.
ISBN 978-85-97-00188-4
ISBN 978-85-97-00189-1 (PDF)

1. Direito   2. Justiça   I. Título.

15-06232
CDU-340.114

Índice para catálogo sistemático:

1. Justiça : Direito   340.114

TODOS OS DIREITOS RESERVADOS – É proibida a reprodução total ou parcial, de qualquer forma ou por qualquer meio. A violação dos direitos de autor (Lei nº 9.610/98) é crime estabelecido pelo artigo 184 do Código Penal.

Depósito legal na Biblioteca Nacional conforme
Lei nº 10.994, de 14 de dezembro de 2004.

Impresso no Brasil/*Printed in Brazil*

Editora Atlas S.A.
Rua Conselheiro Nébias,
1384 Campos Elísios
01203 904 São Paulo SP
011 3357 9144
atlas.com.br

SUMÁRIO

Apresentação   ix

Que modelo de combate à corrupção queremos?   1

A PEC 33/11 cria uma guerrilha institucional inútil   7

Adolescente infrator precisa de maior responsabilização   13

Estados têm papel a cumprir contra crime organizado   17

Relevância fundamental da escolha de membro do STF   23

Separação de poderes e efeitos vinculantes e *erga omnes*   29

Passeatas são legítimas, mas devem respeitar a democracia   35

Controle da justiça em projetos de lei, só em exceções   39

Excepcionalidade na renovação de prazo para escutas   43

É possível combinar vitaliciedade com regime disciplinar   49

Aplicação da Ficha Limpa após eleições é discutida   55

Congresso Nacional precisa recuperar sua dignidade   63

Desempate sobre infringentes está em boas mãos 69

As causas da proliferação de partidos políticos 77

Interrogatório nas instâncias penal e administrativa 83

Novas regras devem fortalecer democracia representativa 91

"Cláusula de desempenho" fortalece o sistema eleitoral 97

Biografias requerem liberdade com responsabilidade 103

Congresso finalmente adota voto aberto para cassações 109

Amplitude e limitações da competência disciplinar do CNJ 113

Hipóteses de inelegibilidade do vice-chefe do Executivo 119

Extradição ou cumprimento da pena de Pizzolato na Itália 123

Prerrogativa de foro e desmembramento de ações 127

O devido processo legal e a vedação às provas ilícitas 133

Firmeza não deve ser confundida com restrição desnecessária 137

Necessidade de avanço institucional para fortalecimento do Estado federal 143

Constituição protege inviolabilidade de celulares e computadores 147

Escolha de ministros do STF precisa de mais participação de todos os poderes 155

STF e os pedidos de cooperação internacional em matéria penal   163

Estado deve tutelar direito à vida independentemente de questões religiosas   167

Controle de constitucionalidade é vedado ao Conselho Nacional de Justiça   173

Supremo deve decidir sobre supervisão judicial nas investigações penais   183

Impedir acesso de CPIs a provas agrava crise de representatividade   187

Ressarcimento ao erário por improbidade não pode ser pleiteada em ação autônoma   193

Novos instrumentos permitem concretizar direitos humanos no STF e STJ   201

Referências   207

APRESENTAÇÃO

Uma das maiores conquistas de um povo é garantir a plena efetividade da Constituição, com plena aplicação de seus princípios e normas, sempre em defesa da Democracia e dos Direitos Fundamentais.

Desde a Constituição Federal de 1988, no Brasil, o Direito Constitucional passou a ser realmente aplicado no dia a dia das pessoas, com consequências importantíssimas na consolidação de uma República mais justa, igualitária e respeitadora do indivíduo.

Nesse contexto, a Jurisdição Constitucional ganhou extrema força, permitindo ao Poder Judiciário, e, especialmente, ao Supremo Tribunal Federal, a participação em todos os assuntos de relevância Institucional, Política, Social e Econômica do País, bem como analisando, interpretando e aplicando o real sentido de nossa proclamação de Direitos.

A presente obra traz uma série de artigos escritos para o prestigioso ConJur, analisando questões atuais e discutidas pelo Poder Executivo, Legislativo e Judiciário nos anos de 2013 e 2014, sob a ótica constitucional.

A análise viva do Direito Constitucional constitui a presente obra: JUSTIÇA COMENTADA.

O Autor

QUE MODELO DE COMBATE À CORRUPÇÃO QUEREMOS?*

A recente ação anticorrupção deflagrada no país pelo Ministério Público, com amplo apoio judicial, foi acusada de ser política por vários e respeitados especialistas, em virtude da discussão sobre a Proposta de Emenda à Constituição 37, que pretende retirar o poder de investigação da instituição, consagrando um verdadeiro monopólio investigativo às carreiras policiais.

Refletindo sobre o tema, não acredito ter sido esse o sentimento da população brasileira, cansada de ver os cofres públicos saqueados, com desvios de milhões de reais que deveriam ser utilizados no combate à miséria, na melhoria da educação e saúde públicas – enfim, no desenvolvimento de nosso país.

Se o combate à corrupção, à criminalidade organizada e à impunidade são desejos de toda a sociedade brasileira, como se justifica a apresentação de uma Proposta de Emenda Constitucional (PEC 37) que pretenda reduzir o impor-

---

* Publicado no ConJur – Coluna JUSTIÇA COMENTADA, de 19 de abril de 2013.

tante papel institucional do Ministério Público no regime democrático, enfraquecendo sua missão constitucional?

Consagra-se, entre nós, o reconhecimento ao Ministério Público de competências genéricas implícitas que possibilitem o exercício de sua missão constitucional de promoção da ação penal pública e combate ao crime, com a adoção da teoria dos poderes implícitos – *inherent powers* –, pela qual, no exercício de sua missão constitucional enumerada, o órgão executivo deveria dispor de todas as funções necessárias, ainda que implícitas, desde que não expressamente limitadas.

A existência de poderes implícitos ao Ministério Público, no sentido de realizar investigação criminal, é autoaplicável e não invade as atribuições previstas constitucionalmente à polícia – conforme entendimento da ministra Ellen Gracie –, mas afasta qualquer tentativa de monopólio da competência penal investigatória – de acordo com o ministro Celso de Mello –, o que não seria uma interpretação razoável do texto constitucional.

Insisto. Não guarda qualquer razoabilidade com o espírito da Constituição, o engessamento do órgão titular da ação penal, impedindo-o de realizar, quando necessário, investigações criminais. Isso significaria diminuir a efetividade de sua atuação em defesa dos direitos fundamentais de todos os cidadãos, cuja atuação autônoma configura a confiança de respeito aos direitos, individuais e coletivos, e a certeza de submissão dos poderes à lei.

Obviamente, o exercício do poder de investigação criminal pelo Ministério Público deve estar sujeito às proibições e limites estruturais da Constituição Federal. Porém, sem possibilidade de afastamento do poder investigatório criminal dos promotores e procuradores – para que, em casos que entenderem necessário, produzam as provas necessárias para combater, principalmente, a criminalidade organizada e a corrupção.

Para o bem da República, devemos substituir a estéril discussão sobre diminuição de mecanismos de defesa da sociedade (PEC 37) por uma melhor disciplina normativa sobre o tema, que permita efetivamente um avanço institucional. Como Cícero afirmava, fazem muito mal à República os agentes públicos corruptos, pois infundem os próprios vícios em toda a sociedade. A punição com o afastamento da vida pública desses agentes corruptos, salientava Platão, é essencial para fixar uma regra proibitiva em defesa dos interesses do Estado. E nesse sentido, a contribuição do Ministério Público é inegável.

Não há dúvidas da necessidade de aprimoramento na regulamentação normativa desse importante papel investigativo do Ministério Público, por meio de alterações na Lei Complementar do Ministério Público da União e na Lei Orgânica dos Ministérios Públicos dos estados. O objetivo não deve ser cerceá-lo, mas disciplina-lo. Obviamente, o poder investigatório do Ministério Público não é sinônimo de poder sem limites ou avesso a controles, mas derivado diretamente de suas funções constitucionais e com plena possibilidade de responsabilização de seus membros por eventuais abusos cometidos no exercício de suas funções, pois em um regime republicano todos devem fiel observância à lei.

Tanto a condução das investigações na área do patrimônio público e social, por meio de inquérito civil, quanto as investigações criminais realizadas pelos promotores de Justiça e procuradores da República, merecem urgente regulamentação legal. Deve haver a necessária ponderação entre o exercício integral dos poderes implícitos do Ministério Público e a plena efetividade das normas de proteção aos direitos e garantias dos investigados e de sua defesa, essenciais ao regime democrático.

Há a necessidade de que as investigações criminais realizadas pelo Ministério Público sejam precedidas de instauração de procedimento oficial, que indique o objeto investigado, sua necessidade e, quando possível, delimite os investigados, a fim de se evitar eventuais inclusões fortuitas.

É preciso que se estabeleça regras claras de distribuição ao órgão do Ministério Público dotado de atribuição legal fixada por critérios objetivos e prévios em respeito ao princípio do promotor natural, evitando, dessa forma, a possibilidade de "investigadores de exceção", assim como já não se permite "acusadores de exceção".

Também é preciso o detalhamento da instrumentalização da coleta de provas, das intimações para depoimentos e organização de audiências, prevendo a possibilidade de prévia ciência da defesa técnica do investigado, mesmo sendo inquisitivo o procedimento.

São fatores essenciais para legitimarem o exercício das importantes atribuições do *Parquet* a fixação de prazos a serem cumpridos – assim como já existentes nos inquéritos civis públicos –, oficialidade na juntada de todos os documentos, relatórios e perícias produzidos, com pronto acesso do investigado e de sua defesa técnica assim que juntados ao procedimento, nos termos da Súmula Vinculante 14.

Igualmente, o exercício desse importante poder/dever de investigação deve ser absolutamente transparente. Isso de modo a garantir que a sociedade, e aqueles que encaminham as representações e os próprios representados, conheçam as razões da instauração daquele procedimento investigatório pelo Ministério Público ou do arquivamento das peças encaminhadas – com a necessidade do regular controle judicial existente nas hipóteses de promoção de arquivamento de inquérito policial –, ou ainda a requisição de instauração de inquérito pela Polícia.

Em sessão do dia 21 de junho de 2012, o Supremo Tribunal Federal iniciou a discussão para definição desse tema, tendo ocorrido manifestações dos ministros Ayres Britto, Celso de Mello, Gilmar Mendes e Joaquim Barbosa sobre a possibilidade constitucional de o Ministério Público exercer a plenitude de sua missão constitucional, inclusive com a realização de investigações criminais. Por outro lado, os ministros Cezar Peluso e Ricardo Lewandowski, apesar de não afastarem a constitucionalidade dessa possibilidade, concordaram com a necessidade de edição de norma permissiva, com as hipóteses e exceções.

A discussão está posta na sociedade brasileira. Tanto o Congresso Nacional quanto o STF devem se posicionar sobre o modelo de combate à corrupção e à criminalidade organizada que pretendem para o Brasil. Do contrário, corre-se o risco de as gerações futuras lamentarem a cessação dos avanços institucionais que o país vem experimentando nesses quase 25 anos de nossa Carta Magna.

A PEC 33/11 CRIA UMA GUERRILHA INSTITUCIONAL INÚTIL*

O aprendizado democrático exige que constantemente os poderes de Estado pratiquem a harmonia exigida textualmente pelo artigo 2º da Constituição, sob pena de deflagração de guerrilha institucional, tão nociva à República.

A PEC 33/11, cuja admissibilidade foi aprovada pela Comissão de Constituição e Justiça da Câmara dos Deputados no dia 24 de abril de 2013, pretende ampliar a competência do Congresso Nacional, também para sustar atos normativos do Poder Judiciário que exorbitem do poder regulamentar; além de condicionar a eficácia de súmulas e decisões vinculantes do Supremo Tribunal Federal à aprovação do Congresso Nacional, caracterizando, infelizmente, claro ato de guerrilha entre poderes.

No parecer pela aprovação, o relator da proposta, Deputado Nelson Marchezan Júnior, salienta a importância da PEC 33/11, afirmando a necessidade de redução dos poderes normativos do Conselho Nacional de Justiça e do

---

* Publicado no ConJur – Coluna JUSTIÇA COMENTADA, de 26 de abril de 2013.

Tribunal Superior Eleitoral e realçando ainda os reflexos que pretende em relação ao exercício da jurisdição constitucional pelo Supremo Tribunal Federal, ao ponderar que "não deve o Poder Legislativo consentir com a tese de que a Suprema Corte representa um 'arquiteto constitucional'".

Lamentavelmente, a CCJ cometeu dois graves equívocos claramente atentatórios à cláusula pétrea da Separação de Poderes, pretendendo por via reflexa criar verdadeiro controle externo ao Poder Judiciário: a confusão entre poder regulamentar e poder normativo primário e a tentativa de limitação do exercício da jurisdição constitucional pelo Supremo Tribunal Federal.

O primeiro equívoco diz respeito à confusão que a proposta faz entre poder regulamentar, a que se refere à atual redação do inciso V do artigo 49 do texto constitucional e à existência de poder normativo primário consagrado pelo legislador constituinte ao Poder Judiciário como instrumento para o exercício de suas competências constitucionais.

A Assembleia Nacional Constituinte e o próprio Congresso Nacional concederam ao Poder Judiciário o poder de expedir normas primárias sobre as matérias tratadas nos artigos 96, I, *a*, e 103-B do texto constitucional, que não se confunde com a regulamentação realizada pelo Poder Executivo de leis editadas pelo Poder Legislativo e, portanto, por isso, passíveis de sustação caso excedam os próprios limites legais. É constitucional o substrato para o exercício do poder normativo pelo Poder Judiciário, fixado dentro da regra da separação de poderes, e, portanto, incabível – sem que se caracterize clara afronta à sua independência – a possibilidade de criação de instrumento de ingerência externa.

O segundo equívoco, em meu entender ainda mais grave que o primeiro, é aquele que pretende possibilitar a limitação da mais importante e grave missão constitucional do Supremo Tribunal Federal, qual seja, a guarda da Constituição, conforme texto expresso do artigo 102 do texto constitucional, que estabelece ser competência da Corte o exercício da jurisdição constitucional.

A PEC 33/11 claramente permite a ingerência do Congresso Nacional em matéria jurisdicional, uma vez que súmulas vinculantes e decisões abstratas com efeitos vinculantes proferidas pelo Supremo Tribunal Federal não são atos normativos, mas sim consubstanciam-se em consolidação das decisões da Corte em sede de controle concentrado.

As manifestações de inúmeros parlamentares após a aprovação pela CCJ e contrárias ao exercício da jurisdição constitucional pelo Supremo Tribunal Federal e o parecer do deputado relator, entendendo que "o Poder Judiciário – mormente no exercício do controle de constitucionalidade –, tem deixado de lado o tradicional papel de legislador negativo para atuar como vigoroso legislador positivo. Tal fato atenta contra a democracia e as legítimas escolhas feitas pelo legislador", deixaram clara a pretensão legislativa de restringir o mais importante papel de nossa Corte Suprema.

A ideia de controle de constitucionalidade está relacionada à supremacia da Constituição sobre todo o ordenamento jurídico, o que, obviamente, depende da realização de interpretação da legislação perante o texto constitucional. O Supremo Tribunal Federal não pretende ser o "arquiteto constitucional", como referido pela CCJ, função esta exercida pela Assembleia Nacional Constituinte, mas jamais poderá recusar sua mais importante competência, de ser o guardião da Constituição, com ampla possibilidade de utilização das técnicas de interpretação constitucional como instrumento de mutação informal de seu texto, mediante compatibilização de seus princípios com as exigências e transformações históricas, sociais e culturais da sociedade, principalmente para concretização e defesa integral e efetividade máxima dos direitos fundamentais.

A controvérsia trazida pela PEC 33/11 retoma a antiga e superada discussão entre Carl Schmitt e Hans Kelsen, exposta por esse em artigo publicado em 1930 (*Quem deve ser o guardião da Constituição?*), onde defendeu a existência de uma Justiça constitucional como meio adequado de garantia da essência da Democracia, efetivando a proteção de todos os grupos sociais – proteção contra majoritária – e contribuindo com a paz social, evitando assim a ideia de "maioria toda poderosa", que surgiria se a ideia de Carl Schmitt prevalecesse com a atribuição exclusiva do Presidente do Reich, eleito por toda a nação como intérprete final da Constituição.

A Assembleia Nacional Constituinte – assim como todos os ordenamentos jurídicos democráticos pós-segunda Grande Guerra – consagrou o Poder Judiciário como guardião final do texto constitucional, e o Supremo Tribunal Federal como seu maior intérprete, protegendo essa escolha com o manto da cláusula pétrea da separação de Poderes (CF, artigo 60, § 4º, III), para evitar eventual "ditadura da maioria" em detrimento dos direitos fundamentais das minorias.

A aprovação final da PEC 33/11 configuraria ostensivo mecanismo de controle externo à atividade do Poder Judiciário, incabível em nosso ordenamento jurídico, pois possibilitaria ao Congresso Nacional a fiscalização e sustação dos atos normativos editados por aquele poder, sejam aqueles editados no exercício do poder normativo primário (atos do Conselho Nacional de Justiça, regimentos dos tribunais), sejam aqueles editados a partir de consolidação de interpretação constitucional legítima (resoluções do TSE); além de gerar direta ingerência do Legislativo no exercício da jurisdição constitucional pelo Supremo Tribunal Federal.

A independência e harmonia entre os Poderes da República vem consagrada pela Constituição Federal e protegida por diversos mecanismos de controles recíprocos que precisam, efetivamente, ser utilizados, evitando, dessa forma, a tentativa de criação inconstitucional de mecanismos que induzam a possibilidade de guerrilha institucional.

ADOLESCENTE INFRATOR PRECISA DE MAIOR RESPONSABILIZAÇÃO*

Em 17 de fevereiro de 2007, o jornal *Folha de S. Paulo* publicou artigo de minha autoria sobre a necessidade de aumentar o rigor das punições para os adolescentes infratores, ou seja, para aqueles que praticam atos infracionais graves e são menores de 18 anos.

Esse importante tema, que tive a oportunidade de encaminhar na forma de anteprojetos de lei ao Congresso Nacional em outubro de 2003, voltou a ser destaque nacional, em virtude de lamentável homicídio ocorrido na capital do estado de São Paulo.

Na oportunidade, afirmei que a sociedade espera e merece a atuação conjunta dos poderes constituídos para imediata realização das necessárias alterações na legislação sobre delinquência juvenil. O Estatuto da Criança e do Adolescente (ECA) é uma das mais avançadas leis na proteção da infância e da juventude, bem como na preservação do bem-estar da família, mas que precisa se adaptar

---

* Publicado no ConJur – Coluna JUSTIÇA COMENTADA, de 3 de maio de 2013.

ao terrível fenômeno da criminalidade, que é mutável, fazendo com que a aplicação prática da lei exija aperfeiçoamento e adaptações.

No combate à criminalidade juvenil, tornou-se imprescindível adotar medidas legislativas mais razoáveis para o tratamento de adolescentes que praticam crimes com violência ou grave ameaça.

Mesmo sendo a finalidade precípua das medidas socioeducativas a ressocialização do adolescente infrator, não podemos ignorar a finalidade de proteção à sociedade. Em alguns casos, a internação do adolescente é a única medida necessária e suficiente para resguardar os direitos das vítimas e, basicamente, de toda a sociedade, que não podem mais suportar o verdadeiro escárnio de ver em liberdade quem praticou crimes gravíssimos, com requintes de profissionalismo, maldade e crueldade, e continuar a assistir, imobilizadas, à constante escalada de crimes graves praticados por menores de 18 anos.

As limitações previstas no ECA para a aplicação da medida de internação engessam a atuação das autoridades públicas e geram grandes injustiças e intranquilidade na sociedade. Elas fecham os olhos à possibilidade de admitirmos que os adolescentes podem ser cruéis criminosos.

As alterações devem permitir privação de liberdade, sem caráter penal e de forma excepcional, de adolescentes infratores por período determinado, com duração mínima de seis meses e máxima de oito anos, quando se tratar de atos infracionais praticados com violência ou grave ameaça à pessoa. O período pode chegar ao limite de dez anos, na reiteração dos atos infracionais, após avaliação social, psicológica e médica, sem previsão de liberação compulsória, nem aos 18, nem aos 21 anos, sob pena de total desmoralização e impunidade, conforme propostas encaminhadas pelo governo de São Paulo em outubro de 2003 à Câmara dos Deputados.

Na hipótese de o adolescente que estiver cumprindo medida de internação completar 18 anos, deverá ser submetido à avaliação social, psicológica e médica que subsidiará a decisão do magistrado sobre a manutenção da internação. Caso o juiz decida pela manutenção, o infrator será imediatamente transferido para o sistema diferenciado, em ala especial.

A medida, além de garantir maior segurança e tranquilidade à sociedade, evitará a manutenção do infrator, agora com mais de 18 anos, com os adolescentes e também seu contato com a delinquência adulta. Outro ponto permite, ainda, que a internação seja reavaliada pelo juiz a cada 12 meses.

Além disso, para combater a promiscuidade criminosa entre maiores e adolescentes, é necessário aumentar as penas do crime de corrupção de menores para dois a oito anos de reclusão, para evitar que adultos corrompam ou facilitem a corrupção de adolescentes, com eles praticando infração penal ou os induzindo a praticá-la.

A necessidade da fixação de maior responsabilidade penal aos maiores de 18 anos que utilizem adolescentes para o cometimento de infrações penais ou atos infracionais se tornou necessária pela habitualidade da prática. Essa medida auxiliará o tratamento da delinquência juvenil, pretendendo diminuir a prática de atos infracionais pelos adolescentes.

Essas alterações que necessitam somente de maioria simples na Câmara e no Senado para serem aprovadas são compatíveis com nosso texto constitucional e com a Convenção dos Direitos da criança, adotada pela Resolução L.44 da Assembleia Geral das Nações Unidas em 20 de novembro 1989 e ratificada pelo Brasil em 24 de setembro de 1990. Mais do que isso, e, principalmente, as alterações são compatíveis com a necessidade e os anseios de maior segurança e garantia para todos os brasileiros.

O Congresso Nacional não pode continuar se omitindo e permanecer inerte por mais dez anos até que novas tragédias ocorram. É hora de agir.

ESTADOS TÊM PAPEL A CUMPRIR CONTRA CRIME ORGANIZADO*

Esta coluna analisa a importância de decisão do Supremo Tribunal Federal sobre a competência legislativa estadual no combate à criminalidade organizada, especificamente no julgamento da ADI 4.414/AL, tendo como relator o ministro Luiz Fux, cujo julgamento parcial de inconstitucionalidade da Lei Estadual 6.806/2007 foi encerrado no dia 31 de maio de 2012, mas que devemos transformar em paradigma no âmbito de distribuição de competências, ampliando seu entendimento com a finalidade de maior eficiência dos Estados-membros.

O grande desafio institucional brasileiro da atualidade é evoluir nas formas de combate à criminalidade, efetivando um maior entrosamento dos diversos órgãos governamentais na investigação à criminalidade organizada, na repressão à impunidade e na punição da corrupção, e, consequentemente, estabelecer uma legislação que fortaleça a união dos poderes executivo e Judiciário, bem como do Minis-

---

* Publicado no ConJur – Coluna JUSTIÇA COMENTADA, de 17 de maio de 2013.

tério Público na área de persecução penal, no âmbito dos Estados da Federação.

A Constituição Federal prevê as atribuições para as funções de polícia judiciária e para a polícia ostensiva e de preservação da ordem pública aos governos estaduais (CF, artigo 144, §§ 4º e 5º), enquanto a competência privativa para legislar sobre direito penal e processual vem atribuída à União (CF, artigo 22, inciso I).

Esse paradoxo, porém, não deveria impedir que os diversos Estados-membros abandonassem sua costumeira inércia legislativa em estabelecer mecanismos legais mais eficientes para o combate à criminalidade, utilizando-se do princípio da subsidiariedade e de sua competência concorrente, uma vez que o combate à criminalidade organizada e às formas de corrupção vem sendo aperfeiçoado inclusive com a união de diversos países europeus soberanos, pois as antigas formas de investigação, atuação e interação entre Polícia, Ministério Público e Justiça demonstraram total ineficácia para sua repressão. Importante exemplo foi o estabelecimento, em 28 de fevereiro de 2002, pelo Conselho da União Europeia da Eurojustiça, para reforçar o combate e controle às graves formas de criminalidade organizada (2002/187/GAI).

Vejamos o exemplo do estado de Alagoas que, utilizando-se do artigo 125, § 1º do texto constitucional – que garante a competência legislativa aos Estados-membros para edição de lei de organização judiciária – editou a Lei Estadual 6.806/2007, criando órgão colegiado especializado de juízes de primeiro grau para o processo e julgamento de delitos praticados por organização criminosa, com exclusão, obviamente, dos delitos contra a vida – cuja competência constitucional é do Tribunal do Júri.

Em ação direta de inconstitucionalidade ajuizada pelo Conselho Federal da Ordem dos Advogados do Brasil, o Supremo Tribunal Federal entendeu constitucional essa possibilidade, com base no artigo 24, inciso XI, da Constituição, que autoriza aos estados legislarem concorrentemente em procedimentos sobre matéria processual.

Sob minha ótica, atuou corretamente nossa Corte Suprema ao entender que a lei estadual visou preservar a independência dos magistrados durante a persecução penal de crimes praticados por organizações criminosas, antecipando-se inclusive ao II Pacto Republicano de Estado, assinado em 2009. O pacto estabeleceu como diretriz essa mesma previsão, ou seja, a criação de colegiados para julgamento em primeiro grau de crimes perpetrados por organizações criminosas, como forma instrumental de assegurar a independência da magistratura.

A colegialidade de juízes togados em primeira instância é novidade na justiça penal brasileira. Porém, é medida extremamente inteligente e eficaz do legislador estadual, referendado pelo STF que, nesses quase 25 anos da Constituição, vem percebendo a necessidade de uma interpretação constitucional menos centralizadora em termos de distribuição de competências, de maneira a permitir um federalismo mais centrífugo.

Com base na ADI 4.414, os Estados-membros deveriam ousar legislativamente, com normas que fortalecessem a cooperação entre Polícia, Ministério Público e Poder Judiciário, bem como estabelecessem modernos mecanismos procedimentais de investigação.

A decisão do Supremo Tribunal Federal concede aos Estados-membros uma grande possibilidade de ousar no combate à criminalidade, com criatividade e eficiência, por meio da combinação dos artigos 24, inciso XI (competência concorrente em matéria procedimental), 125, § 1º (competência legislativa estadual para organização judiciária), 144, §§ 4º e 5º (competência legislativa estadual em matéria de polícia civil e militar), e 128, § 5º (competência legislativa estadual em matéria de organização do Ministério Público), afastando os atuais mecanismos arcaicos de combate às organizações criminosas e à corrupção, e atendendo as peculiaridades de cada um dos estados.

Os citados artigos constitucionais permitiriam a criação de legislação estadual que concretizasse instrumentos procedimentais efetivos para a realização de planejamento estratégico entre os órgãos da persecução penal, para o combate à criminalidade organizada e à corrupção (inclusive a eleitoral). Para tanto, seriam criados órgãos colegiados de 1ª instância, tanto no Poder Judiciário quanto no Ministério Público, que atuassem diretamente com equipes de policiais civis na investigação e fornecessem auxílio nas diretrizes aos policiais militares na prevenção de locais atacados pelas organizações criminosas.

Igualmente, os estados precisam ousar no exercício de suas competências legislativas e administrativas. O objetivo deve ser possibilitar a integração de um sistema de dados, estatísticas e informatização das polícias, Ministério Público e Poder Judiciário (inclusive o eleitoral), controlando eletronicamente todas as investigações, desde a abertura do Boletim de Ocorrência ou do inquérito, até as progressões e cumprimento das penas – isso porque direito penitenciário também é matéria de competência concorrente (CF, artigo 24, inciso I).

A sociedade brasileira está farta da inércia legislativa, de discussões estéreis e de vaidades corporativas. É preciso a soma inteligente de esforços institucionais para combater as organizações criminosas e a corrupção, que, lamentavelmente, atrapalham o crescimento de nosso país.

RELEVÂNCIA FUNDAMENTAL DA ESCOLHA DE MEMBRO DO STF[*]

A escolha de um novo ministro do Supremo Tribunal Federal pelo presidente da República sempre traz à tona a discussão sobre as vantagens e desvantagens do procedimento constitucional tradicionalmente adotado nas Constituições brasileiras desde 1891. Todo processo de investidura dos novos membros do STF, desde a escolha até a posse, passando pela aprovação pelo Senado Federal e a nomeação, seguiram o modelo americano, onde a Suprema Corte compõe-se, desde 1869, de nove juízes escolhidos pelo presidente da República, inexistindo constitucional ou legalmente a exigência de requisitos capacitários para a nomeação de seus membros – que é de escolha eminentemente política do presidente e aprovação pelo Senado.

A inexistência de requisitos objetivos de capacidade permite que, nos Estados Unidos, a escolha presidencial possa recair sobre qualquer americano, inclusive naqueles que não tenham formação jurídica, apesar de, historica-

---

[*] Publicado no ConJur – Coluna JUSTIÇA COMENTADA, de 24 de maio de 2013.

mente, somente esses terem sido escolhidos. Há, porém, uma particularidade nas primeiras escolhas para a Corte, em que predominavam os juízes que haviam estudado com advogados praticantes, ou seja, submetidos a aprendizado fora das faculdades de Direito, tendo o juiz James Byrnes sido o último a ser escolhido dessa forma, em 1941.

É importante ressaltar que a maioria dos juízes nomeados para a Suprema Corte participava ativamente da vida política norte-americana, sendo suas nomeações frequentemente caracterizadas por influências e disputas políticas entre os dois grandes partidos, Democrata e Republicano.

A história demonstrou que esse método de investidura norte-americano acaba possibilitando ao presidente da República exercer forte influência, ainda que indireta, na interpretação constitucional. É o que se verifica, por exemplo, nos diversos períodos históricos, em que a Corte consolidou a centralização do poder da União e a supremacia do controle jurisdicional (Corte de Marshall, até 1835); formou as teorias políticas e econômicas da Constituição (1835 a 1895); agiu como árbitro da vida jurídica e das diretrizes nacionais (1895 a 1937 – fase, inclusive, onde se cunhou a expressão *governo dos juízes*); passando a dedicar-se imperativamente à defesa dos direitos fundamentais (após 1937 e, principalmente, durante a presidência do *Chief Justice* Earl Warren, de 1953 a 1969).

Esse modelo foi importado para o Brasil com a proclamação da República, que criou e organizou o Supremo Tribunal Federal – a partir do aproveitamento de membros do Supremo Tribunal de Justiça do Império – pelo Decreto 848, de 11 de outubro de 1890.

Como seu paradigma norte-americano, o Supremo Tribunal Federal nasceu com o papel de intérprete máximo da Constituição republicana e, nas diversas constituições, inclusive a de 1988, jamais houve previsão de requisitos capacitários objetivos para nomeação de seus membros, sendo, inclusive, a ausência de exigência de formação jurídica uma constante nos textos constitucionais. Isso chegou aos extremos de exagero em 21 de outubro de 1893, quando foi nomeado para ministro na vaga do ministro Barradas, durante o recesso parlamentar, o médico clínico Cândido Barata Ribeiro, que tomou posse e exerceu o cargo durante quase um ano, enquanto se aguardava a confirmação de sua nomeação pelo Senado Federal, que, afinal, a rejeitou.

Os únicos requisitos exigidos para que o presidente da República possa escolher os ministros da Corte, que devem ser aprovados por maioria absoluta do Senado Federal, são: serem brasileiros natos, no gozo dos direitos políticos e possuírem notável saber jurídico e reputação ilibada – sendo esse requisito capacitário (*notável saber jurídico*) caracterizado pela excelência de conhecimentos possuídos pelo escolhido na área jurídica, mas interpretado tão somente pelos órgãos que participam de sua escolha, ou seja, o presidente da República e o Senado Federal.

Não restam dúvidas, portanto, que no Brasil, igualmente aos Estados Unidos, a ampla discricionariedade na escolha dos membros da Corte garantirá forte influência indireta do presidente da República nos rumos da interpretação constitucional. Isso se dá, inclusive, em relação à efetividade dos Direitos Fundamentais, ao Ativismo Judicial, aos limites de atuação do próprio Poder Executivo e ao relacionamento do Judiciário com o Legislativo – problemáticas atuais na República brasileira. Foi o que verificamos, por exemplo, em decisões importantíssimas relacionadas ao *Impeachment*, à definição do racismo, ao aborto de feto anencéfalo, às células-tronco, à extradição, ao princípio da presunção de inocência, ao processo legislativo, à atuação do CNJ, à união estável homoafetiva, entre outras.

Essa ampla discricionariedade constitucionalmente consagrada constantemente é criticada jurídica e politicamente. Isso porque esse método, seja no Brasil, seja nos Estados Unidos, ou ainda em diversos países latino-americanos que o adotam, acaba por permitir a escolha de um candidato à Corte Suprema tanto por critérios objetivos de competência e ética como também por preferências políticas, recompensa a associados políticos e pessoais e busca de futuro apoio político.

A conjuntura política jurídica brasileira necessitava da indicação de alguém que, ao longo de sua brilhante carreira acadêmica e vitoriosa atuação profissional, sempre soube valorizar a ideia de complementaridade entre democracia e Estado de Direito como a premissa básica da legitimidade da justiça constitucional, com absoluto respeito ao Poder Legislativo. A democracia consubstancia-se no governo da maioria, baseado na soberania popular, mas também com observância efetiva ao texto constitucional, uma vez que o Estado de Direito consagra a supremacia das normas constitucionais, o respeito aos direitos fundamentais e o controle jurisdicional do Poder Estatal, não só para proteção da maioria, mas também, e basicamente, dos direitos da minoria.

A atuação de Luís Roberto Barroso como professor e advogado sempre foi nesse sentido, concordemos ou não com todos os posicionamentos por ele defendidos – e certamente será assim sua atuação como ministro do STF: técnica, competente, respeitosa, apaixonada e independente.

A presidente Dilma Roussef merece todo o agradecimento da sociedade e o respeito das instituições republicanas pela escolha do professor Luís Roberto Barroso, pois concedeu objetividade ao requisito constitucional do "notável saber jurídico", optando por critérios objetivos de competência e ética para a indicação do novo membro de nossa Corte Suprema. Parabéns, presidente!

SEPARAÇÃO DE PODERES E EFEITOS VINCULANTES E *ERGA OMNES**

No dia 16 de maio de 2013, o Supremo Tribunal Federal retomou importante julgamento sobre a extensão dos efeitos da declaração incidental de inconstitucionalidade proferida pela própria Corte em sede de controle difuso de constitucionalidade.

Trata-se de Reclamação (Rcl 4.335/AC, relator ministro Gilmar Mendes), em que se pretende a ampliação dos efeitos da declaração incidental de inconstitucionalidade do § 1º do artigo 2º da Lei 8.072/90, que vedava a progressão de regime a condenados pela prática de crimes hediondos no HC 82.959/SP, com o consequente reconhecimento de efeitos *erga omnes*.

A grande questão desse julgamento é a análise da transcendência dos efeitos do controle difuso, afastando a manutenção de seus tradicionais efeitos *intrapartes*, que ocorre com a possibilidade de ampliação dos efeitos por resolução

---

* Publicado no ConJur – Coluna JUSTIÇA COMENTADA, de 7 de junho de 2013.

do Senado Federal, em virtude da norma prevista no artigo 52, inciso X, da Constituição Federal.

No Brasil, a Constituição Federal previu um mecanismo de *ampliação dos efeitos da declaração incidental de inconstitucionalidade pelo STF*, autorizando que o Senado Federal, por meio da espécie normativa resolução, possa suspender a execução, no todo ou em parte, de lei declarada inconstitucional incidentalmente por decisão definitiva de nossa Corte Suprema.

Trata-se de mecanismo inserido em nosso ordenamento constitucional em 1934, por patente necessidade de conceder maior eficácia ao controle difuso de constitucionalidade no Brasil, uma vez que, por não adotarmos a *teoria dos precedentes judiciais*, não raras vezes as decisões incidentais de inconstitucionalidade de leis ou atos normativos pelo Supremo Tribunal Federal acabavam não sendo seguidas pelos demais órgãos judiciais e administrativos.

A declaração de inconstitucionalidade é do STF, com efeitos intrapartes e retroativos (*ex tunc*), mas a suspensão é função do Senado, com efeitos *erga omnes* e não retroativos (*ex nunc*).

Sem a declaração de inconstitucionalidade, o Senado Federal não se movimenta, pois não lhe é dado suspender a execução de lei ou decreto não declarado inconstitucional, porém a tarefa constitucional de ampliação desses efeitos é sua, no exercício de sua atividade legiferante, concretizando a suspensão da eficácia do ato.

A partir da EC 45/04, nas questões constitucionais de repercussão geral, o STF, analisando incidentalmente a inconstitucionalidade de determinada lei ou ato normativo, poderá, imediatamente, e respeitados os requisitos do artigo 103-A da Constituição, editar súmulas vinculantes, que deverão guardar estrita especificidade com o assunto tratado, permitindo que se evite a demora na prestação jurisdicional em inúmeras e infrutíferas ações idênticas sobre o mesmo assunto.

Importante, porém, perceber que a edição de súmulas vinculantes como *verdadeira ponte* entre o controle difuso (efeitos intrapartes) e o controle concentrado (efeitos *erga omnes*) exige requisitos materiais e formais, somente podendo ser editada pelo voto de dois terços dos membros do STF – ou seja, oito ministros.

Na presente hipótese, foi exatamente o procedimento do Supremo Tribunal Federal, que editou a Súmula Vinculante 26 ("para efeito de progressão de regime no cumprimento de pena por crime hediondo ou equiparado, o juízo da execução observará a inconstitucionalidade do artigo 2º da Lei 8.072, de 25 de julho de 1990, sem prejuízo de avaliar se o condenado preenche ou não os requisitos objetivos e subjetivos do benefício, podendo determinar, para tal fim, de modo fundamentado, a realização de exame criminológico"), por ampla maioria qualificada de seus membros (dez ministros).

A adoção dos mecanismos da repercussão geral e das súmulas vinculantes, obviamente, acaba tornando menos necessária a aplicação do artigo 52, inciso X, pois declarando incidentalmente a inconstitucionalidade de lei ou ato normativo do Poder Público, com repercussão geral, a Corte Suprema poderá editar súmula sobre a validade, a interpretação e a eficácia dessas normas, evitando que a questão controvertida continue a acarretar insegurança jurídica e multiplicidade de processos sobre questão idêntica.

Tal hipótese, porém, não permite o afastamento integral de possibilidade constitucional de atuação do Senado Federal. Como bem destacado pelo ministro Ricardo Lewandowski, "o sistema de freios e contrapesos, próprio à separação de Poderes, não teria o condão de legitimar a ablação de competência constitucional expressamente atribuída a determinado poder. Nesse sentido, suprimir competências de um poder de estado, por meio de exegese constitucional, colocaria em risco a própria lógica desse sistema".

A nova permissibilidade jurídica discutida na referida reclamação não desrespeitaria somente o Poder Legislativo (Senado Federal). Desrespeitaria frontalmente as limitações constitucionais referentes ao exercício do controle concentrado, com efeitos *erga omnes* e vinculantes, pelo Supremo Tribunal Federal.

Haveria verdadeira *subversão constitucional,* pois todas as regras de freios e contrapesos previstas pela Constituição Federal para limitação do poder do Supremo Tribunal Federal em interpretar a Constituição abstratamente, vinculando todos os órgãos da administração e os demais órgãos do Poder Judiciário (legitimidade taxativa, pertinência temática, cláusula de reserva de plenário, quórum qualificado para modulação dos efeitos, quórum qualificado para edição de súmulas vinculantes etc.), estariam sumariamente afastadas caso a Corte pudesse ampliar automaticamente, de ofício e sem quórum qualificado, os efeitos intrapartes para *erga omnes.*

Portanto, não nos parece possível, sob pena de desrespeito aos artigos 52, inciso X, e 103-A, que a Constituição Federal permita ao Supremo Tribunal Federal aplicar a transcendência dos motivos da declaração de inconstitucionalidade difusa para atalhar a necessária edição de súmulas vinculantes ou afastar a necessidade de atuação do Senado Federal.

PASSEATAS SÃO LEGÍTIMAS, MAS DEVEM RESPEITAR A DEMOCRACIA*

A Constituição garante que todos podem reunir-se pacificamente, sem armas, em locais abertos ao público, independentemente de autorização, desde que não frustrem outra reunião anteriormente convocada para o mesmo local, sendo apenas exigido prévio aviso à autoridade competente, tratando-se, pois, de direito individual de coligar-se com outras pessoas, para fim lícito.

O direito de reunião é uma manifestação coletiva da liberdade de expressão, exercitada por meio de uma associação transitória de pessoas e tendo por finalidade o intercâmbio de ideias, a defesa de interesses, a publicidade de problemas e de determinadas reivindicações. O direito de reunião apresenta-se, ao mesmo tempo, como um direito individual em relação a cada um de seus participantes e um direito coletivo no tocante a seu exercício conjunto.

O direito de reunião – que incluiu o direito de passeata – vem sendo exercido por milhares de pessoas em defesa de

---
* Publicado no ConJur – Coluna JUSTIÇA COMENTADA, de 14 de junho de 2013.

suas ideias, entre elas a diminuição do valor da passagem de ônibus e metrô em São Paulo.

Configura-se como um dos princípios basilares de um Estado Democrático de Direito, sendo de grande abrangência, pois não se compreenderia a liberdade de reuniões sem que os participantes pudessem discutir, tendo que limitar-se apenas ao direito de ouvir. O direito de reunião compreende não só o direito de organizá-la e convocá-la, como também o de total participação ativa.

Importante, porém, ressaltar que os direitos de reunião e livre manifestação de pensamento, assim como todos os demais direitos fundamentais, são relativos. Eles não podem ser utilizados como verdadeiro escudo protetivo da prática de atividades ilícitas, tampouco como argumento para afastamento ou diminuição da responsabilidade civil ou penal por atos ilícitos, sob pena de total consagração ao desrespeito a um verdadeiro Estado de Direito.

O direito de reunião consagrado pela Constituição Federal, no artigo 5º, inciso XVI, portanto, não é ilimitado, uma vez que encontra seus limites nos demais direitos igualmente consagrados pela Carta Magna (relatividade ou convivência dos direitos fundamentais). As democracias modernas, garantindo a seus cidadãos uma série de direitos fundamentais que os sistemas não democráticos não consagram, buscam, como lembra Robert Dahl, a paz, segurança e a prosperidade da sociedade como um todo.

Jamais, portanto, o texto constitucional permitiria a execução de manifestações criminosas, caracterizadas pelo abuso aos direitos de locomoção, segurança e propriedade de toda a sociedade, como estamos vislumbrando nas últimas manifestações referentes ao aumento da passagem de ônibus e metrô na capital paulista.

Dessa forma, havendo conflito entre dois ou mais direitos ou garantias fundamentais, devemos harmonizá-los, de forma a coordenar e combinar os bens jurídicos em conflito, evitando o sacrifício total de uns em relação aos outros. Deve ser feita uma redução proporcional do âmbito de alcance de cada qual (contradição dos princípios), sempre em busca do verdadeiro significado da norma e da harmonia do texto constitucional com suas finalidades precípuas.

Nesse sentido, os movimentos reivindicatórios de grupos socialmente organizados ou não, por meio de reuniões e passeatas, não podem obstar o exercício, por parte do restante da sociedade, dos demais direitos fundamentais. Configura-se claramente abusivo o exercício desses direitos que impeçam o livre acesso das demais pessoas a aeroportos, rodovias e hospitais, por exemplo, em flagrante desrespeito à liberdade constitucional de locomoção (ir e vir), colocando em risco a harmonia, a segurança e a saúde pública.

A própria Declaração dos Direitos Humanos das Nações Unidas, após afirmar em seu artigo 29 que "toda pessoa tem deveres com a comunidade, posto que somente nela pode-se desenvolver livre e plenamente sua personalidade", expressamente prevê que "no exercício de seus direitos e no desfrute de suas liberdades todas as pessoas estarão sujeitas às limitações estabelecidas pela lei com a única finalidade de assegurar o respeito dos direitos e liberdades dos demais, e de satisfazer as justas exigências da moral, da ordem pública e do bem-estar de uma sociedade democrática".

Assim, a conduta do Poder Público na compatibilização prática dos direitos fundamentais deve pautar-se pela razoabilidade. Por um lado, deve evitar o excesso ou abuso de direito dos manifestantes, e, por outro, impedir a utilização desnecessária da força policial, de maneira a afastar a possibilidade de prejuízos de grandes proporções à sociedade e aos próprios manifestantes.

A razoabilidade no exercício das reuniões e passeatas, previstas constitucionalmente, deve, portanto, evitar a ofensa aos demais direitos fundamentais, o desrespeito à consciência moral da comunidade, visando, em contrapartida, à esperança fundamentada de que se possa alcançar um proveito considerável para todos, resultante na prática democrática do direito de reivindicação. Trata-se da cláusula de proibição de excesso (*Übermassverbot*) consagrada pelo Tribunal Constitucional alemão, ao estabelecer o pensamento da proporcionalidade como parâmetro para se evitar os tratamentos excessivos, inadequados, buscando-se sempre no caso concreto o tratamento necessariamente exigível.

O exercício razoável dos direitos de reunião e passeata, em respeito aos demais direitos fundamentais, consiste em exigência democrática e necessária evolução da educação de cidadania, caráter básico, como salientado por Montesquieu, de qualquer governo republicano.

CONTROLE DA JUSTIÇA EM PROJETOS DE LEI, SÓ EM EXCEÇÕES*

A possibilidade de o Supremo Tribunal Federal promover controle difuso de constitucionalidade durante o processo legislativo é uma constante fonte de atritos entre os Poderes Judiciário e Legislativo, necessitando de uma análise jurídica e política mais moderada, a fim de se evitar constantes "guerrilhas institucionais".

No dia 20 de junho de 2013, o Plenário do Supremo Tribunal Federal concluiu o julgamento do Mandado de Segurança 32.033, que questionava projeto de lei que cria restrições para a criação de novos partidos políticos – o PL 4.470/2012, aprovado pela Câmara e recebido no Senado Federal como PLC 14/2013 – e, por 7 votos a 3, julgou improcedente o pedido, cassando a medida liminar deferida pelo ministro Gilmar Mendes, que havia determinado a suspensão do trâmite do PL.

Alguns analistas políticos passaram a afirmar que o STF havia alterado seu posicionamento, abandonando a possi-

---

* Publicado no ConJur – Coluna JUSTIÇA COMENTADA, de 28 de junho de 2013.

bilidade de fazer, por meio de mandados de segurança ajuizados por parlamentares, controle de constitucionalidade durante a tramitação de propostas de emendas constitucionais e projetos de lei.

Ledo engano!

As normas de processo legislativo constitucional (Constituição Federal, artigos 59 a 69) possuem eficácia plena e imediata, vinculando a atividade do legislador na elaboração das diversas espécies normativas em respeito ao devido processo legislativo, cuja observância é imprescindível para a consagração do princípio da legalidade (artigo 5º, inciso II, da CF).

A possibilidade de o controle jurisdicional incidir sobre o processo legislativo em trâmite, porém, deve ser excepcionalíssima, uma vez que ainda não existiria lei ou ato normativo passível de controle de constitucionalidade. O Supremo Tribunal Federal poderá analisar a constitucionalidade, ou não, de determinada sequência de atos durante a elaboração de uma emenda constitucional, de lei ordinária ou mesmo durante a aprovação ou rejeição de uma medida provisória, para garantir aos parlamentares o exercício de seu direito líquido e certo a somente participar da atividade legiferante ocorrida em acordo com as normas constitucionais.

Não é aceitável, por exemplo, que a Presidência da Câmara dos Deputados considere aprovada em primeiro turno determinada proposta de emenda constitucional que contou somente com o apoio de maioria simples dos deputados federais; ou, ainda, que a Comissão de Constituição e Justiça do Senado Federal aprove projeto de lei introduzindo a pena de morte no Código Penal e remetendo a votação a plenário. Em ambos os casos, mediante provocação, o Supremo Tribunal Federal poderá suspender a tramitação daquelas proposituras, uma vez que houve clara afronta às regras do devido processo legislativo, sejam as formais (quórum de 3/5 para emendas), sejam as materiais (direitos e garantias individuais como cláusulas pétreas).

Diversa, porém, é a hipótese de controle jurisdicional de proposições legislativas em andamento tão somente porque, em seu conteúdo, divirjam de anterior interpretação do Supremo Tribunal Federal sobre a matéria, como ocorreu no MS 32.033.

É correto, como afirmou o ministro Gilmar Mendes, que em 27, 28 e 29 de junho de 2012, nas ADI 4.430 e 4.795, por maioria de votos, o Supremo Tribunal Federal concedeu interpretação ao artigo 17 da Constituição Federal frontalmente oposta ao conteúdo do PL 4.470/2012 – aprovado pela Câmara e recebido no Senado Federal como PLC 14/2013. Porém, não é menos correto lembrarmos que o próprio STF entende que ao Poder Legislativo não se aplicam os efeitos vinculantes da jurisdição constitucional, pois isso, como acentuou o ministro Cezar Peluso (aposentado), "afetaria a relação de equilíbrio entre o tribunal constitucional e o legislador, reduzindo o último a papel subordinado perante o poder incontrolável do primeiro, acarretando prejuízo do espaço democrático representativo da legitimidade política do órgão legislativo, bem como criando mais um fator de resistência a produzir o inaceitável fenômeno da chamada fossilização da Constituição" (Reclamação 2.617).

Entendemos que os efeitos vinculantes da decisão do STF em relação à interpretação do artigo 17 da Constituição Federal aplicam-se relativamente ao legislador somente no tocante à impossibilidade de editar norma derrogatória da decisão do Supremo Tribunal Federal; ou mesmo de editar normas que convalidem os atos nulos praticados com base na lei declarada inconstitucional, quando a intenção for flagrante em limitar total ou parcialmente a decisão da Corte.

Os efeitos vinculantes, porém, não devem ser aplicados ao legislador no tocante à possibilidade de edição de novas normas com preceitos semelhantes ou idênticos aos declarados inconstitucionais, uma vez que, nessas hipóteses, haverá a possibilidade de nova análise da constitucionalidade da matéria pelo Supremo Tribunal Federal, a *posteriori* no exercício do controle repressivo, possibilitando uma evolução ou adequação às novas condições jurídicas, sociais e políticas.

A ausência de efeitos vinculantes ao legislador possibilita o dinamismo interpretativo e a constante adaptação e mutação constitucional, levando o Supremo Tribunal Federal a reanalisar a matéria, seja para reafirmar seu entendimento anterior, seja para alterar seu próprio precedente.

No julgamento do MS 32.033, o Supremo Tribunal Federal garantiu o equilíbrio entre os Poderes e a possibilidade de mutação na interpretação constitucional, sem abrir mão de sua competência de controle jurisdicional excepcional de proposituras legislativas em andamento. Assim se faz a construção e evolução da Jurisdição Constitucional.

EXCEPCIONALIDADE NA RENOVAÇÃO DE PRAZO PARA ESCUTAS*

O sigilo das comunicações telefônicas é importante garantia constitucional prevista no artigo 5º, inciso XII, da Constituição Federal e corolário dos direitos de intimidade e privacidade igualmente consagrados em nosso texto constitucional, somente podendo ser afastado mediante a presença de três requisitos constitucionais: ordem judicial, finalidade de investigação criminal ou instrução processual penal e em hipóteses e forma previstas em lei (Lei 9.296/96).

No dia 3 de julho de 2013, o Supremo Tribunal Federal reconheceu a existência de repercussão geral da matéria tratada no Recurso Extraordinário 625.263, relatado pelo ministro Gilmar Mendes, em que se discute a possibilidade de se renovar sucessivamente a autorização de interceptação telefônica para fins de investigação criminal, sem limite definido de prazo, em virtude de a Lei 9.296/96 estabelecer o prazo de 15 dias renovável por igual tempo uma

---

* Publicado no ConJur – Coluna JUSTIÇA COMENTADA, de 12 de julho de 2013.

vez comprovada a indispensabilidade do meio de prova. No referido RE 625.263, o Superior Tribunal de Justiça anulou todas as provas obtidas a partir de escutas telefônicas que duraram mais de dois anos, ininterruptamente, em investigação criminal realizada no Paraná.

A notícia do ConJur traz a invocação do artigo 136 da Constituição Federal como paradigma, informando a existência excepcional de possibilidade de quebra de sigilo telefônico em caso de decretação de estado de defesa, cuja duração, porém, não será superior a 30 dias, possível uma única prorrogação, ou seja, no máximo de 60 dias.

Menos pelo prazo e mais pelas razões justificadoras do afastamento da garantia constitucional, o artigo 136 da Constituição Federal me parece um bom paradigma para a análise da possibilidade de renovações sucessivas de interceptação telefônica para fins de investigação criminal (CF, artigo 5º, inciso XII), pela absoluta necessidade, em ambas as hipóteses, de fundamentação e ponderação entre os valores constitucionais envolvidos para o afastamento da importante garantia constitucional de inviolabilidade das comunicações telefônicas. Explico.

Em relação à mera questão de prazo, devemos observar que o fato de a duração do Estado de Defesa não poder ser superior a 60 dias, no máximo, com decretação de 30 dias e prorrogação de mais 30 dias – desde que persistam as razões que justificam a sua decretação – não significa que a duração da restrição aos direitos e garantias fundamentais excepcionalmente cerceadas (entre eles a possibilidade de interceptações telefônicas) terá igual prazo. Isso porque, comprovada a ineficácia das medidas tomadas durante o Estado de Defesa, nos termos do artigo 137, inciso I, da

Constituição Federal, poderá ser decretado o Estado de Sítio, em que não haverá prazo máximo de duração, apesar de sua decretação e renovações serem sempre por prazo máximo de 30 dias. Em outras palavras, a conversão do Estado de Defesa em Estado de Sítio poderá afastar indefinidamente a proteção constitucional ao sigilo das interceptações telefônicas, até que haja retorno à normalidade institucional.

O paradigma é importantíssimo, contudo, pela necessidade de observância, para afastamento da inviolabilidade das comunicações telefônicas em ambas as hipóteses dos princípios da necessidade e da temporariedade e pela finalidade de restabelecimento da normalidade, que sempre deve estar presente.

O Estado de Defesa enquanto espécie de nosso sistema constitucional das crises constitui regime excepcional para debelar crise interna causada pela necessidade de prontamente se restabelecer, em locais restritos e determinados, a ordem pública ou a paz social ameaçadas por grave e iminente instabilidade institucional ou atingidas por calamidades de grandes proporções na natureza. Nos períodos de grave crise institucional, pelo medo da ocorrência de um mal irreparável acontecer à Nação, diversos ordenamentos jurídicos autorizam excepcionalmente uma ação presidencial mais decisiva, com poderes especiais ao presidente da República e consequente abrandamento nas tradicionais restrições ao poder executivo, inclusive no tocante ao respeito aos direitos fundamentais.

A excepcionalidade da suspensão de direitos fundamentais nessas hipóteses, seja denominada Lei Marcial, Estado de Proteção Extraordinária, Estado de Defesa, de Alarme, de Guerra, de Exceção, de Emergência ou de Sítio, é permitida pelos diversos textos constitucionais, presidencialistas, parlamentaristas ou em regimes mistos, em virtude de determinadas situações anômalas e temporárias instauradas como resposta a uma ameaça específica à ordem democrática, pois essa limitação somente será possível em uma Democracia, quando sua finalidade for a própria defesa dos Direitos Fundamentais postos em perigo. Observe-se, inclusive, que são hipóteses previstas no âmbito internacional pelo Pacto de San José da Costa Rica (artigo 27), em que se permite a suspensão excepcional de direitos e garantias fundamentais em caso de guerra, de perigo público, ou de outra emergência que ameace a independência ou segurança do Estado-parte.

É chamado *sistema constitucional das crises*, consistente em um conjunto de normas constitucionais, que, informadas pelos princípios da necessidade e da temporariedade, tem por objeto as situações de crises e por finalidade a mantença ou o restabelecimento da normalidade constitucional, possibilitando a responsabilidade daquele que arbitrariamente decreta a medida ou a mantém por tempo superior ao necessário.

Assim, não bastasse a crucial observância da "necessidade" e "temporariedade", o paradigma apresentado também é extremamente válido, menos pelo prazo e mais pela absoluta e real obrigatoriedade de verdadeira e motivada fundamentação em ambas as hipóteses, seja pelo Presidente da República (CF, artigo 136), seja pelo juiz competente (CF, artigo 5º, inciso XI), que possibilite o afastamento desse importante direito fundamental.

Em ambas as hipóteses, o afastamento do sigilo de comunicações telefônicas deverá estar inspirado – e somente nessas hipóteses será possível o afastamento de garantias constitucionais – na vontade de assegurar aos poderes públicos constitucionais, com a menor duração possível, os meios de cumprir sua missão e garantir o retorno à normalidade institucional, no caso do Estado de Defesa, ou garantir a eficaz repressão à criminalidade.

Na hipótese de Estado de Defesa ou sua prorrogação, o presidente da República, dentro de 24 horas, submeterá o ato com a respectiva justificação ao Congresso Nacional, que decidirá por maioria absoluta. E mais, a conversão do Estado de Defesa em Estado de Sítio, obrigatoriamente, deverá ser autorizada pelo Congresso Nacional. Caso o Congresso Nacional entenda abusiva a utilização desses mecanismos de exceção deverá, no primeiro caso, cessá-lo imediatamente e, no segundo, não autorizar sua conversão. Em ambas as hipóteses, o presidente da República poderá ser responsabilizado pela prática de crime de responsabilidade, nos termos do artigo 85 da Constituição Federal.

Estabelecendo esse paradigma entre a possibilidade de interceptação telefônica dentro da normalidade institucional e nos casos de Estado de Defesa e Estado de Sítio podemos retirar como regra que a cada nova renovação com aumento do afastamento do prazo da garantia constitucional, a gravidade da decisão deve ser acompanhada de melhor e mais circunstanciada motivação.

Necessário que a decisão de nossa Corte Suprema, no RE 625.263, seja pautada por critérios razoáveis, fixados a partir de parâmetros que evitem, por um lado, tratamentos excessivos e inadequados que banalizem a proteção constitucional, transformando o "sigilo de comunicações telefônicas" em exceção e não regra constitucional. Mas, por outro lado, não decretem a ineficiência da interceptação telefônica para importantes investigações criminais, principalmente relacionadas ao crime organizado, quando é sabido que há circunstâncias onde as sucessivas renovações são imprescindíveis e necessárias.

A correta ponderação e equilíbrio entre os valores constitucionais, de maneira a não desrespeitar a garantia constitucional de proteção ao sigilo das comunicações telefônicas, nem tampouco permitir que essa previsão se transforme em escudo protetivo da prática de atividade ilícitas, somente será adequada se a cada renovação o magistrado analisar detalhadamente a presença dos requisitos e a razoabilidade da manutenção dessa medida devastadora da intimidade e privacidade, não mais se permitindo decisões meramente burocráticas, lacônicas ou repetitivas nos argumentos das renovações anteriores, sob pena de inversão dos valores constitucionais.

É POSSÍVEL COMBINAR VITALICIEDADE COM REGIME DISCIPLINAR*

No dia 10 de julho de 2013, foi apresentado o relatório do senador Blairo Maggi (PR-MT), na Comissão de Constituição e Justiça do Senado, em relação à PEC 53. O documento previa a manutenção da tramitação da matéria, mas rejeitou o dispositivo que afastava a garantia da vitaliciedade dos membros do Poder Judiciário e do Ministério Público.

A CCJ, porém, não deliberou sobre o assunto. Foi aberta vista conjunta a todos os seus membros, para que posteriormente seja votado o tema e encaminhado ao Plenário. Tal fato torna importantíssima a discussão sobre a possibilidade, ou não, de emenda constitucional que suprima a mais importante garantia institucional de liberdade dos membros do Poder Judiciário e do Ministério Público.

A vitaliciedade é garantia extraordinária concedida constitucionalmente e de maneira taxativa às carreiras da magistratura, do Ministério Público e aos membros dos Tribunais de Contas. A perda do cargo somente poder ser

---

* Publicado no ConJur – Coluna JUSTIÇA COMENTADA, de 26 de julho de 2013.

decretada após sentença judicial transitada em julgado. Para os magistrados e membros do Ministério Público que ingressam mediante concurso de provas e títulos, a aquisição da vitaliciedade ocorre após estágio probatório de dois anos. Para aqueles que ingressam no Supremo Tribunal Federal, tribunais superiores, tribunais de segunda instância (pelo denominado "quinto constitucional") e tribunais de contas, sua aquisição ocorre imediatamente com a posse.

Essa garantia visa consagrar a esses agentes políticos a necessária liberdade de atuação, afastando-os de preocupações com pressões e ingerências políticas no exercício de suas atividades. O que não consiste, porém, "cláusula de impunidade", pois a perda do cargo poderá ocorrer por sentença judicial transitada em julgado, após o devido processo legal.

Seria possível ao Congresso Nacional, no exercício de seu poder de reformar a Constituição Federal, aprovar o texto original da PEC 53, transformando-a em emenda constitucional para afastar das citadas carreiras a vitaliciedade?

Acredito que não.

A alterabilidade constitucional, embora se possa traduzir na alteração de muitas disposições da Constituição, sempre conservará um valor integrativo, no sentido de que deve deixar substancialmente idêntico seu sistema originário. As emendas constitucionais servem para alterar a Constituição, adaptando-a e aprimorando-a, mas não devem ser utilizadas para mudar radicalmente seu espírito, uma vez que a revisão constitucional não é o meio propício para gerar rupturas institucionais ou mesmo para realização de revoluções constitucionais. Não se presta para isso o poder constituinte derivado, mas uma nova Assembleia Nacional Constituinte.

A Teoria Constitucional aponta a necessidade de um núcleo constitucional mínimo e irredutível que proteja a separação de poderes, consagrada em nosso texto magno como cláusula pétrea (CF, artigo 60, § 4º, inciso III). Isso de modo a defender a manutenção de órgãos autônomos e independentes na estrutura do Estado, principalmente por estarem encarregados da defesa da legalidade, moralidade pública, regime democrático e direitos e garantias fundamentais.

Essa proteção constitucional à separação de poderes, por óbvio, engloba a proteção das garantias institucionais do Poder Judiciário e do Ministério Público, especialmente àquelas destinadas a efetivar a liberdade de atuação, entre elas a vitaliciedade. Por mais razoável e importante que seja a preocupação demonstrada pelo relatório do senador Blairo Maggi – "quanto ao mérito, compartilhamos da preocupação dos ilustres autores das duas proposições no sentido da necessidade do aperfeiçoamento do regime disciplinar aplicado aos magistrados e aos membros do Ministério Público" –, não será possível, por meio de emenda constitucional, afastar a vitaliciedade do Poder Judiciário e Ministério Público. Desse modo, estaríamos permitindo grave desrespeito ao núcleo imodificável da Constituição, com deformação da vontade soberana do poder constituinte e consequente erosão da própria consciência constitucional, que pretendeu proteger esses agentes políticos de indevidas pressões relacionadas à perda do cargo, que acabassem por esvaziar ou diminuir o exercício de suas importantes funções.

Entendemos ser possível compatibilizar a preocupação demonstrada pelo Congresso Nacional em aperfeiçoar o regime disciplinar aplicado aos magistrados e aos membros do Ministério Público – expurgando de seus quadros aqueles que subvertem o exercício de suas funções, desviando-se do cumprimento da lei, maculando suas próprias instituições e transformando-se em agentes ímprobos e criminosos – com a necessidade de manutenção da vitaliciedade como garantia dos agentes que primam pela defesa do regime republicano, de estado democrático e dos direitos fundamentais.

A edição do novo Estatuto da Magistratura – exigência constitucional descumprida após aproximadamente 25 anos da promulgação da Constituição Federal (CF, artigo 93, *caput*) – e a alteração ao Estatuto do Ministério Público da União (LC 75/93) e da Lei Orgânica Nacional dos Ministérios Públicos (Lei 8.625/93) podem estabelecer órgãos jurisdicionais específicos (CF, artigo 5º, incisos XXXVII e LIII) e procedimento judicial célere e com razoável duração do processo (CF, artigo 5º, inciso LXXVIII), para as ações ajuizadas para perda do cargo, respeitando-se o devido processo legal, a ampla defesa e o contraditório (CF, artigo 5º, incisos LIV e LV). Isso também pode garantir a toda sociedade uma prioritária, rápida e eficaz decisão sobre as acusações de práticas de atos ilegais, criminosos e lesivos por parte de magistrados e membros do Ministério Público.

Acreditamos, portanto, que a CCJ do Senado Federal aprovará o parecer apresentado no tocante à manutenção da vitaliciedade aos magistrados e membros do Ministério Público. Esperamos ainda que o Supremo Tribunal Federal envie rapidamente projeto de Estatuto da Magistratura, de maneira a garantir um procedimento judicial célere e prioritário para as hipóteses de perda de cargo, que igualmente deve ser adotado pelo Congresso Nacional nas hipóteses legislativas referentes ao Ministério Público.

APLICAÇÃO DA FICHA LIMPA APÓS ELEIÇÕES É DISCUTIDA*

Importante questão referente às denominadas "inelegibilidades supervenientes" vem sendo discutida pela Justiça Eleitoral, em razão da declaração de constitucionalidade pelo Supremo Tribunal Federal (Ação Direta de Constitucionalidade 30/DF) de nova inelegibilidade decorrente de condenação por ato de improbidade administrativa por órgãos colegiados sem trânsito em julgado, em especial quanto ao marco temporal de sua incidência.

Após longos debates e apresentação de substanciosos argumentos, que duraram quatro sessões (9 de novembro de 2011, 1º de dezembro de 2011, 15 de fevereiro de 2012 e 16 de fevereiro de 2012), o Plenário de nossa Corte Suprema declarou, por maioria, a constitucionalidade da denominada "Lei da Ficha Limpa" (Lei Complementar 135/2010). Determinou, também por maioria, a aplicação imediata da lei às eleições de 2012, inclusive no tocante à criação, nos termos do § 9º do artigo 14 da Constituição Federal, de nova espécie

---

* Publicado no ConJur – Coluna JUSTIÇA COMENTADA, de 9 de agosto de 2013.

de inelegibilidade fundamentada na vida pregressa dos candidatos, para aqueles "que forem condenados à suspensão dos direitos políticos, em decisão proferida por órgão judicial colegiado, por ato doloso de improbidade administrativa que importe lesão ao patrimônio público e enriquecimento ilícito, desde a condenação até o transcurso do prazo de oito anos após o cumprimento da pena".

Duas correntes antagônicas se formaram no Supremo Tribunal Federal, em relação à autoaplicabilidade dessa nova hipótese por atos de improbidade praticados antes da edição da nova lei. Enquanto a corrente minoritária entendeu pela impossibilidade de aplicação da nova previsão do artigo 1º, inciso I, letra "l", da LC 64/90, sem que houvesse o trânsito em julgado da sentença condenatória, por ferimento aos *princípios da presunção de inocência e irretroatividade*, acabando por se equiparar a verdadeira sanção. A corrente vencedora definiu a nova hipótese como "inelegibilidade legal" relativa à análise da "vida pregressa do candidato" com marco temporal de incidência até o "momento da eleição" (escrutínio), com base no § 9º do artigo 14 da Constituição Federal.

Conforme definido no acórdão, a lei estabeleceu novos "requisitos qualificados de inelegibilidade" para o "exercício do *ius honorum* (direito de concorrer a cargos eletivos)", levando em conta a "vida pregressa do candidato até o momento da disputa eleitoral", não equiparando essas inelegibilidades (CF, artigo 14, § 9º) – que obrigatoriamente devem estar presentes até o momento das eleições – com a suspensão dos direitos políticos (CF, artigo 15, inciso V), incidentes inclusive durante o exercício do mandato político, mas que exigem o trânsito em julgado.

A questão de probidade administrativa para disputar as eleições e exercer os mandatos passou a incidir de duas maneiras diversas na Justiça eleitoral: (a) a ausência de probidade administrativa como causa impeditiva para disputar as eleições, derivada de decisão condenatória de órgão colegiado não transitada em julgado, tem como marco temporal as eleições (inelegibilidade); (b) a ausência de probidade administrativa para disputar as eleições, para ser diplomado ou empossado, ou ainda, para a manutenção do exercício do mandato ocorre a qualquer tempo, porém exige decisão judicial transitada em julgado (privação dos direitos políticos), em respeito ao *princípio da presunção de inocência*.

Os ministros que defenderam a constitucionalidade dessa nova hipótese de inelegibilidade apontaram sua absoluta ligação com a "vida pregressa do candidato", de maneira a impedi-lo de disputar as eleições", diferenciando-a, portanto, da hipótese de "suspensão dos direitos políticos", cuja exigência é o trânsito em julgado. O ministro Luiz Fux, relator, salientou que essa hipótese constitui "imposição de um novo requisito negativo para a que o cidadão possa candidatar-se a cargo eletivo, que não se confunde com o agravamento de pena ou com *bis in idem*", acrescentando ainda que, "a inelegibilidade tem as suas causas previstas nos §§ 4º a 9º do art. 14 da Carta Magna de 1988, que se traduzem em condições objetivas cuja verificação impede o indivíduo de concorrer a cargos eletivos". O ministro conclui que "impende prestigiar a solução legislativa, que admitiu, para o preenchimento do conceito de vida pregressa do candidato, a consideração da existência de condenação judicial não definitiva".

Esse entendimento foi absolutamente corroborado pelo ministro Joaquim Barbosa, que afirmou que "a inelegibilidade não constitui uma repercussão prática da culpa ou do dolo do agente político, mas apenas a reprovação prévia, anterior e prejudicial às eleições, do comportamento objetivamente descrito como contrário às normas de organização política".

Ressaltando a importância da nova lei, o ministro Ayres Britto foi claro ao defini-la como criadora de pré-requisitos do próprio direito à candidatura, ensinando que "se não preenchidos, afastam o próprio direito à candidatura; não há sequer o direito de se candidatar". Ele conclui que "as condições de elegibilidade são aferidas quando do pedido do registro da candidatura. É o que diz a Constituição. A Constituição diz: 'considerada a vida pregressa do candidato'. [...]. A Constituição falou de vida pregressa, com todas as letras, vida pregressa voltamos a dizer, não é vida futura, é vida passada [...]. E a vida pregressa é aferida quando do momento indicado pela Constituição, o registro da candidatura".

A ministra Rosa Weber, igualmente, salientou a necessidade da análise dessa inelegibilidade até a "ocasião do pleito eleitoral", por não se tratar de "sanção", mas de "condição negativa de elegibilidade". A ministra ressaltou ainda que "a inelegibilidade não é sanção que está sendo aplicada retroativamente a fatos pretéritos. Vale para eleições futuras. A elegibilidade é condição que deve ser verificada por ocasião do pleito eleitoral".

Da mesma forma, a ministra Cármen Lúcia diferenciou "inelegibilidade" de "sanção", apontando sua característica de "circunstância impeditiva da oferta de alguém a candidatar-se" em virtude de sua "vida pregressa" em momento "anterior à formalização do pedido de registro". A ministra aponta inexistir "qualquer agravo à razoabilidade das normas ao definir o legislador casos de inelegibilidade baseados nos parâmetros constitucionais relativos à vida pregressa dos cidadãos interessados em se candidatar".

A mesma afirmação – referente a se tratar de inelegibilidade relativa à vida pregressa do candidato aplicável necessariamente até as eleições – foi feita pelo ministro Ricardo Lewandowski, que destacou serem os valores constitucionais estampados no artigo 14, § 9º, da Carta Magna exigidos daqueles que almejam cargo eletivo, "cabendo a Justiça Eleitoral verificar – no momento do pedido de registro de candidatura – se determinada causa de inelegibilidade prevista em abstrato na legislação incide ou não em uma situação concreta [...]. Ora, tratando-se de condições de elegibilidade ou causas de inelegibilidade, esses requisitos se perfazem no momento do registro da candidatura".

Importante destacar que, mesmo entendendo inconstitucional essa nova inelegibilidade pela ausência da exigência do trânsito em julgado, em seu voto, o ministro Gilmar Mendes situou-a como inelegibilidade incidente até o momento das eleições. O ministro apontou que "o dispositivo em exame traz uma restrição grave a um direito político essencial, que é o de submeter-se ao escrutínio público visando a eleger-se a cargos de direção política, de modo que não há dúvida acerca da gravidade da restrição a direito de que se cuida".

Apesar de também ter afastado a retroatividade da lei, foi mostrado pelo ministro Marco Aurélio que as novas inelegibilidades estariam a considerar "algo que apresenta conceito aberto: a vida pregressa do candidato", ou seja, "o que vem antes" das eleições, como condição "para saber se aquele que se apresenta visando ter o nome sufragado pelos concidadãos tem, ou não, vida pregressa irreprochável. Pregresso quer dizer o que se passou antes, algo a preceder. Vida pregressa recomendável é a que não coloque em dúvidas a adequação do candidato para ocupar o cargo".

Não foi outro o entendimento do ministro Dias Toffoli, ressaltando a necessidade de "marco temporal único" e a observância do *princípio da igualdade*, ao afirmar que os novos requisitos trazidos pelas inelegibilidades "devem ser aferidos em um momento único, como garantia de isonomia entre todos os postulantes à candidatura, e esse momento deve ser o do ato do registro da candidatura. Esse deve ser o marco temporal único, pois somente assim se colocam em patamar de igualdade todos os postulantes".

A fixação de "marco temporal único" (escrutínio) para a aplicação dessa nova inelegibilidade foi essencial para a declaração de sua constitucionalidade pelo Supremo, pois foi o parâmetro para diferenciar as hipóteses de "inelegibilidades", que não exigem o trânsito em julgado, com base no artigo 14, § 9º, do texto Constitucional e as hipóteses de "sanção" (suspensão dos direitos políticos), que exigem o trânsito em julgado, nos termos do artigo 15, inciso V, e artigo 37, § 4º, da Constituição Federal.

A impossibilidade de aplicação retroativa da inelegibilidade legal prevista no artigo 1º, inciso I, alínea "l", da LC 64/90, quando a ocorrência de condenação por improbidade administrativa por órgão colegiado sem trânsito em julgado ocorrer após as eleições é decorrência de sua própria declaração de constitucionalidade pelo STF, que a conceituou como inelegibilidade decorrente da observância do *princípio democrático* e da fidelidade política aos cidadãos, com substrato constitucional no § 9º do artigo 14, e, consequentemente, com a obrigatoriedade de observância da vida pregressa do candidato até o marco temporal único, qual seja o momento da realização das eleições (escrutínio), sob pena de grave ferimento não só ao *princípio da presunção de inocência*, mas também ao *princípio da igualdade*, pois não se estaria colocando todos os candidatos no mesmo patamar de análise do eleitorado.

Dessa forma, a ocorrência de condenação judicial por improbidade administrativa por órgão colegiado sem trânsito em julgado após a realização das eleições não se aplica retroativamente ao pleito eleitoral já realizado, mas às eleições que vierem a se realizar nos próximos oito anos.

CONGRESSO NACIONAL PRECISA RECUPERAR SUA DIGNIDADE*

A Constituição do Império previa, em seu artigo 8º, inciso II, a suspensão dos direitos políticos por sentença condenatória a prisão, ou degredo, enquanto durassem seus efeitos, tendo sido a única Carta brasileira que restringiu a suspensão dos direitos políticos à aplicação de determinadas espécies de pena. Na República, todas as Constituições previram a suspensão dos direitos políticos como consequência de uma condenação criminal, independentemente da espécie de pena aplicada.

Como regra geral, a privação dos direitos políticos engloba a perda da capacidade eleitoral ativa (votar) e da capacidade eleitoral passiva (ser votado), bem como a perda de mandato eletivo, determinando, portanto, imediata cessação de seu exercício.

Excepcional, porém, é a previsão constitucional na hipótese de condenação criminal de deputados federais e senadores da República, como defendo desde a primeira edi-

---

* Publicado no ConJur – Coluna JUSTIÇA COMENTADA, de 30 de agosto de 2013.

ção de meu *Direito Constitucional* (1997). Os Parlamentares federais no exercício do mandato que forem condenados criminalmente incidem na hipótese do artigo 55, inciso VI e § 2º da Constituição Federal, não perdendo automaticamente o mandato, mas não podendo disputar novas eleições enquanto durarem os efeitos da decisão condenatória, pois seus direitos políticos estão suspensos.

Isso ocorre porque a própria Constituição Federal estabelece que perca o mandato o deputado ou senador que sofrer condenação criminal em sentença transitada em julgado, sendo que a perda será decidida pela Câmara dos Deputados ou pelo Senado Federal, por *voto secreto* e *maioria absoluta*, mediante provocação da respectiva Mesa ou de partido político representado no Congresso Nacional, assegurada ampla defesa.

Assim, em face de duas normas constitucionais aparentemente conflitantes (CF, artigos 15, inciso III, e 55, inciso VI), deve-se procurar delimitar o âmbito normativo de cada uma, vislumbrando-se sua razão de existência, finalidade e extensão, para então interpretá-las no sentido de garantir-se a unidade da constituição e a máxima efetividade de suas previsões.

Com base nessa análise, percebe-se que a razão de existência do artigo 55, inciso VI e § 2º da Constituição Federal é de garantir ao Congresso Nacional a durabilidade dos mandatos de seus membros (deputados federais e senadores da República), com a finalidade de preservar a independência do Legislativo perante os demais poderes, tendo sua extensão delimitada, tão somente, aos próprios parlamentares federais, por expressa e taxativa previsão constitucional. Trata-se, pois, de uma norma constitucional especial e excepcional em relação à previsão genérica do artigo 15, inciso III.

Dessa forma, em relação aos congressistas condenados criminalmente, com trânsito em julgado, não será automática a perda do mandato, pois a própria Constituição, estabelecendo que "a perda será decidida", exigiu a ocorrência de um ato político e discricionário da respectiva Casa Legislativa Federal, absolutamente independente à decisão judicial.

Esse entendimento vem oscilando no posicionamento do Supremo Tribunal Federal, tendo sido adotado inicialmente ("por esse critério da especialidade [...] o problema se resolve excepcionando-se da abrangência da generalidade do artigo 15, III, os parlamentares referidos no artigo 55, para os quais, enquanto no exercício do mandato, a condenação criminal por si só, e ainda quando transitada em julgado, não implica a suspensão dos direitos políticos, só ocorrendo tal se a perda do mandato vier a ser decretada pela Casa a que ele pertencer" RE 179.502-6/SP, Rel. Min. Moreira Alves), e alterado no julgamento do "Mensalão", quando por maioria de votos nossa Corte Suprema definiu que "a Constituição não submete a decisão do Poder Judiciário à complementação por ato de qualquer outro órgão ou Poder da República [...] Ao Poder Legislativo cabe, apenas, dar fiel execução à decisão da Justiça e declarar a perda do mandato, na forma preconizada na decisão jurisdicional [...] Repugna à nossa Constituição o exercício do mandato parlamentar quando recaia, sobre o seu titular, a reprovação penal definitiva do Estado, suspendendo-lhe o exercício de direitos políticos e decretando-lhe a perda do mandato eletivo" (AP 470, Rel. Min. Joaquim Barbosa).

Entretanto, com a alteração da composição da Corte e a posse dos novos ministros Teori Zavascki e Roberto Barroso, em caso recente (AP 565, julgada em 8 de agosto de 2013), novamente por precária maioria (6 votos a 4, sendo impedido o ministro Luiz Fux), passou o STF a excepcionar da incidência automática do artigo 15, inciso III, os parlamentares federais, remetendo a Casa Legislativa a decisão pela perda do mandato em votação secreta pelo voto da maioria absoluta de seus membros, nos termos do § 2º do artigo 55.

Em lamentável e funesta votação ocorrida na Câmara dos Deputados, em 28 de agosto de 2013, não se obteve a necessária maioria da Câmara dos Deputados para decretar a perda do mandato de parlamentar condenado definitivamente pelo Supremo Tribunal Federal por crimes contra a administração pública e fraude à licitação.

A hipótese não acarretava nenhum perigo à independência do Legislativo e a autonomia do exercício de mandatos parlamentares, mas um número suficiente de parlamentares manteve o mandato do deputado condenado criminalmente, sob o manto da covarde ausência de transparência existente nessa votação secreta, humilhando a crença brasileira em dias melhores e a necessidade de maior combate à corrupção, esquecendo-se das lições de Caio Túlio Cícero, pela qual fazem muito mal à República os políticos corruptos, não apenas por se corromperem, mas também por corromperem e, principalmente, pela nocividade do exemplo.

A existência de prerrogativa ímpar aos parlamentares federais para que ostentem ampla e absoluta liberdade de convicção, pensamento e ação em defesa da República e do povo brasileiro, no bom desempenho de seus mandatos, não pode ser transformada em escudo protetivo de atividades ilícitas, envergonhando toda a nação.

"Imunidade" não pode ser confundida com "impunidade"! "Discricionariedade legislativa" não pode ser confundida com "arbitrariedade", sob pena de descrédito da Justiça, corrosão da Constituição, desgaste das instituições e ampliação da corrupção em nosso sistema político.

A consciência geral dos brasileiros exige não somente a aprovação de PEC acabando com o voto secreto nessas votações – como bem salientado pelo presidente da Câmara dos Deputados –, mas também o extermínio dessa exceção prevista no artigo 55, § 2º, para que dentro do ideário republicano da igualdade, todos os condenados criminalmente com trânsito em julgado fiquem suspensos de seus direitos políticos integralmente, inclusive com a perda automática dos mandatos políticos.

A evolução cultural e política brasileira e o desrespeitoso desvio na aplicação dessa norma por um grande número de deputados transformaram-na em odioso privilégio, justificando imediata alteração na Constituição. Com a palavra o Congresso Nacional, para resgatar a dignidade da representação política e o respeito do Parlamento!

DESEMPATE SOBRE INFRINGENTES ESTÁ EM BOAS MÃOS*

A decisão final do Supremo Tribunal Federal quanto ao cabimento de Embargos Infringentes na Ação Penal 470, o processo do Mensalão, será dada por seu decano, ministro Celso de Mello, a quem caberá, em sessão plenária no dia 18 de setembro de 2013, desempatar a questão, após cinco votos em defesa de teses antagônicas. Apontando o não cabimento dos embargos votaram os ministros Joaquim Barbosa (relator), Luiz Fux, Cármen Lúcia, Gilmar Mendes e Marco Aurélio; enquanto pelo seu cabimento manifestaram-se os ministros Luís Roberto Barroso, Teori Zavascki, Rosa Weber, Dias Toffoli e Ricardo Lewandowski.

O Supremo Tribunal Federal não poderia estar em melhores mãos, pois a decisão final será dada com absoluta imparcialidade e liberdade intelectual pelo Decano da Corte. Em diversas oportunidades pude ressaltar que, na luta em defesa da Constituição e pelos ideais republicanos, o Supremo Tribunal Federal – graças à liberdade intelectual

---

* Publicado no ConJur – Coluna JUSTIÇA COMENTADA, de 13 de setembro de 2013.

de seus ministros – vem sendo um grande exemplo à nação, atuando com coragem, dedicação e seriedade, reafirmando a necessidade de os governantes honrarem as leis, acima de suas vontades.

A Justiça efetiva somente se obtém com um Judiciário altivo, composto de homens e mulheres com liberdade intelectual. Em um de seus mais inspirados momentos, Martin Luther King afirmou, no sermão *O nascimento de uma Nova Nação*, que "há um desejo interno por liberdade na alma de cada ser humano. Os homens percebem que a liberdade é fundamental e que roubar a liberdade de um homem é tirar-lhe a essência de sua humanidade". O desejo interno por liberdade na alma do ser humano alcança seu mais amplo significado, na liberdade individual e intelectual, de pensamento e de expressão. Desaparecendo a liberdade, desaparecerá o amplo debate de ideias, quebrando-se o respeito à soberania popular. Uma nação livre se constrói com liberdade que existirá onde houver democracia, que nunca será sólida sem juízes independentes.

A sociedade brasileira não erraria em afirmar que os últimos anos, no Brasil, foram de transformação do Supremo Tribunal Federal perante ela mesma, tendo se destacado no exercício da mais pura liberdade intelectual seu decano, ministro Celso de Mello, na defesa, concretização e universalização dos ideais republicanos e dos Direitos Fundamentais; na defesa da moralidade administrativa e no combate à corrupção.

A atuação do ministro Celso de Mello no STF, desde 17 de agosto de 1989, consagrou, em sua plenitude, todas as virtudes de sua brilhante carreira jurídica.

Em seu Jubileu de Porcelana (20 anos de Supremo Tribunal Federal), em 2009, tive a honra de homenagear o ilustre ministro José Celso de Mello Filho em artigo publicado no *site* de nossa Corte Suprema. Escrevi que, parafraseando o professor da Universidade de Grenoble, Jean Marcou, ao afirmar ser "o século XX... o século dos tribunais constitucionais", poderia dizer que os últimos 20 anos de Supremo Tribunal Federal foram os anos de José Celso de Mello Filho.

Paulista de Tatuí, José Celso de Mello Filho nasceu em 1º de novembro de 1945 e ingressou na Faculdade de Direito do Largo de São Francisco em 1965, tendo se formado em 1969. Sua sólida formação acadêmica, que incluiu estudos no Robert E. Lee Senior High Scholl, na Universidade da Califórnia (UCLA) e na Universidade de Roma (Facoltà de Giurisprudenza) e o início de sua carreira jurídica, no Ministério Público de São Paulo, onde ingressou no honroso 1º lugar, em 3 de novembro de 1970, já apontava seu compromisso com a ciência jurídica e a luta por um mundo mais justo e igualitário; ideais que continua a perseguir após 24 anos de Supremo Tribunal Federal.

Professor, promotor de Justiça, ministro do Supremo Tribunal Federal, humanista, democrata e republicano – esse é um breve perfil de José Celso de Mello Filho. Doutrinador sistemático, com especialização na Universidade de Roma (Facoltà de Giurisprudenza), onde realizou curso de extensão em Direito Penal, sob a orientação do professor Giuliano Vassalli. Celso de Mello nos ofereceu importantes obras jurídicas, como *A Tutela Judicial da Liberdade, O Direito do acusado à publicação do Edital pela Imprensa, Apontamentos sobre o Novo Código de Processo Civil, O Embargo Extrajudicial de Obra Nova no Código de Processo Civil*, entre outras. Porém, até hoje, o mundo jurídico reverencia sua mais magnífica obra, a clássica *Constituição Federal anotada*, de 1986.

Nos 24 anos de atividade judicante, a influência do ministro Celso de Mello para a implantação, no Supremo Tribunal Federal, de nossa atual Jurisdição Constitucional foi essencial, tanto no campo das definições de nosso controle de constitucionalidade quanto na proteção dos direitos humanos fundamentais e dos ideais republicanos.

Em sua longa trajetória, com memoráveis lições de Direito, Justiça e cidadania, nosso decano do Supremo Tribunal Federal afirmou a autoaplicabilidade do princípio da igualdade, afirmando sê-lo "postulado fundamental de nossa ordem político-jurídica", tendo por finalidade "obstar discriminações e extinguir privilégios".

Em decisões históricas, demonstrou a importância da realização da defesa intransigente das liberdades públicas e dos direitos das minorias, em seu mais amplo espectro, pelo Supremo Tribunal Federal. Em seu voto na ADI 4.277, em defesa do reconhecimento da união estável homoafetiva, Celso de Mello apontou que "se impõe proclamar, agora mais do que nunca, que ninguém, absolutamente ninguém, pode ser privado de direitos nem sofrer quaisquer restrições de ordem jurídica por motivo de orientação sexual".

Em defesa do princípio da dignidade da pessoa humana e dos direitos das mulheres, na ADPF 54 (aborto feto anencéfalo), em histórico voto, foi proclamado pelo ministro Celso de Mello a impossibilidade de "subjugar, injustamente, a mulher, ofendendo-a em sua inalienável dignidade e marginalizando-a em sua posição de pessoa investida de plenos direitos, em condições de igualdade com qualquer representante de gênero distinto".

Na ADPF 187 (marcha da maconha), o "sentido de fundamentalidade" da liberdade de reunião e do direito à livre manifestação de pensamento como instrumentos de proteção das minorias dentro da Jurisdição Constitucional foram proclamados pelo ministro Celso de Mello, ao afirmar que "as minorias também titularizam, sem qualquer exclusão ou limitação, o direito de reunião, cujo exercício mostra-se essencial à propagação de suas ideias, de seus pleitos e de suas reivindicações".

Em matérias de garantias fundamentais, entre outros importantes ensinamentos, defendeu a liberdade de imprensa, o princípio da inocência, a ampla defesa e contraditório, a inadmissibilidade das provas obtidas por meios ilícitos e afirmou, com a certeza dos justos e democratas, que o princípio do juiz natural "traduz significativa conquista do processo penal liberal, essencialmente fundado em bases democráticas", atuando "como fator de limitação dos poderes persecutórios do Estado" e representando "importante garantia de imparcialidade dos juízes e tribunais".

Ao repudiar o racismo, José Celso de Mello Filho reafirmou e fortaleceu o "princípio indisponível da dignidade da pessoa humana", definindo-o como "mais do que elemento fundamental da República", pois "representa o reconhecimento de que reside, na pessoa humana, o valor fundante do Estado e da ordem que lhe dá suporte institucional".

São outras tantas e imprescindíveis contribuições do ministro Celso de Mello à ciência jurídica, à Justiça e ao

País, tendo sempre atuado no sentido de fortalecimento do Estado Democrático de Direito e da necessidade de "aperfeiçoamento de mecanismos de controles institucionais" e combate à corrupção (HC 94.173), em defesa da Honestidade, Moralidade e Probidade na Administração Pública.

Em prol da sociedade brasileira, ao longo desses 24 anos de judicatura do ministro Celso de Mello em nossa Suprema Corte, pronunciou-se contra o nepotismo, a malversação de dinheiro público, o desvio de finalidade da utilização de cargos públicos para o enriquecimento ilícito, o descontrole de agentes estatais e o abuso de poder, e, principalmente, posicionou-se fortemente contra a corrupção, afirmando no julgamento da atual AP 470 que "nunca é demasiado reafirmá-lo, a ideia de República traduz um valor essencial, exprime um dogma fundamental: o do primado da igualdade de todos perante as leis do Estado. Ninguém, absolutamente ninguém, tem legitimidade para transgredir e vilipendiar as leis e a Constituição de nosso País. Ninguém, absolutamente ninguém, está acima da autoridade do ordenamento jurídico do Estado".

Os reflexos no campo dos Direitos Fundamentais de suas grandiosas lições trazidas em seus memoráveis votos demonstram, sem qualquer sombra de dúvidas, a imprescindível contribuição de José Celso de Mello Filho para a construção, solidificação e efetividade da Justiça no Brasil, que, conciliando de forma harmônica e fortalecendo as noções de Estado de Direito e Estado Democrático, introduziu fortemente no constitucionalismo efetivas garantias de legitimação e limitação do poder, preservação da moralidade pública e combate à corrupção, sempre com a plena aplicabilidade e efetividade dos Direitos Humanos.

O ministro Celso de Mello é um dos mais completos e respeitáveis homens públicos da História do Brasil, sendo um obcecado estudioso, brilhante jurista e incansável magistrado. José Celso de Mello Filho é homem simples e digno, justo e leal, amigo e professor, a quem devemos agradecer por nos fazer acreditar que no Brasil existem juízes e existe Justiça, e para quem, sem qualquer sombra de dúvidas, se aplica o mais famoso dos sermões, o Sermão da Montanha (Evangelho segundo São Mateus): "bem-aventurados os que têm fome e sede de justiça, porque serão saciados".

Sua vida, sua carreira e sua história nos dão a absoluta certeza de que o Supremo Tribunal Federal está em boas mãos para esse importante desempate, pois a decisão final será dada com coragem, imparcialidade e liberdade intelectual pelo decano da Corte.

AS CAUSAS DA PROLIFERAÇÃO DE PARTIDOS POLÍTICOS*

O sistema eleitoral brasileiro vem mantendo sua habitualidade em contrariar a vontade da sociedade brasileira, que, já cansada da multiplicidade de partidos políticos sem identidade e sem qualquer representatividade, novamente foi surpreendida pela prática do "vale tudo" para a aquisição de parlamentares, com a criação de dois novos partidos.

Lamentavelmente, porém, isso só se tornou possível a partir de alteração jurisprudencial recente do Supremo Tribunal Federal na interpretação dos princípios da soberania popular e da democracia representativa, com reflexos na divisão de recursos do fundo partidário e do acesso gratuito ao rádio e televisão (ADI 4.430/DF e ADI 4.795 MC/DF, Rel. Min. Dias Toffoli, decisão: 27, 28 e 29 de junho de 2012). Por esse novo posicionamento majoritário do STF, os parlamentares que se filiarem aos recém-criados partidos levam consigo o tempo correspondente ao direito de arena e os valores relativos ao fundo partidário ("portabilidade").

---

* Publicado no ConJur – Coluna JUSTIÇA COMENTADA, de 27 de setembro de 2013.

Entendemos que no julgamento das ADI 4.430 e 4.795, o Supremo Tribunal Federal acabou afastando o absoluto e incondicional respeito à vontade do eleitor depositada nas urnas em um sistema eleitoral partidário de representação proporcional, por lista aberta uninominal, que deveria reger todo o sistema político, inclusive no tocante à distribuição dos horários reservados à propaganda e ao fundo partidário.

Os §§ 2º e 3º da Lei 9.504/97, com a redação alterada pela Lei 11.300/2006, disciplinavam os horários reservados à propaganda em cada eleição, de maneira a ponderar os votos totais que a legenda recebeu nas últimas eleições. Isso por estabelecer como critério principal para a divisão do horário eleitoral a representação de cada partido na Câmara dos Deputados resultante da eleição. Ou seja, leva-se em conta a totalidade do conjunto de votos que cada partido político recebeu em sua lista aberta, de maneira a contabilizar o somatório dos votos somente em legenda com os votos dados diretamente aos seus candidatos. Assim, o critério adotado com base na representatividade democrática de cada partido foi sua representação na Câmara dos Deputados resultante da eleição.

Esse critério adotado pelo Congresso Nacional respeitou os "princípios obrigatórios que informam o ordenamento constitucional" (MS 26.604), como salientado pela ministra Cármen Lúcia, e atende ao princípio da razoabilidade, ao consagrar como requisito principal para a divisão do tempo de propaganda eleitoral (direito de arena) o "desempenho eleitoral passado" dos partidos políticos, ou seja, o "o resultado obtido nas eleições".

O reconhecimento da razoabilidade na fixação desses critérios pelo Congresso Nacional havia sido realizado pelo Supremo Tribunal Federal, em duas oportunidades anteriores (ADI 1.408 e ADI 1.822), ao decidir que o substrato normativo da matéria referente à distribuição da propaganda eleitoral gratuita – o denominado direito de arena – é constitucional (CF, artigo 17, § 3º), tendo, porém, o Legislador Constituinte Originário delegado ao Congresso Nacional sua regulamentação por meio de lei ordinária.

Igualmente, o posicionamento anterior de nossa Corte Suprema, nas citadas ADI 1.408 e ADI 1.822, foi no sentido de que os critérios adotados pelo legislador ordinário atenderam aos princípios da igualdade e razoabilidade.

Sendo eles: (a) distribuição de fração menor de tempo de propaganda eleitoral gratuita de rádio e televisão a todos os partidos políticos (atual inciso I do artigo 47 da Lei 9.504/97); (b) distribuição de fração maior de tempo de propaganda eleitoral gratuita de rádio e televisão a todos os partidos políticos (atual inciso II do artigo 47 da Lei 9.504/97) a partir do "desempenho eleitoral passado", ou seja, a partir do "resultado eleitoral", por respeito ao princípio da soberania popular e ao nosso sistema eleitoral de partidos políticos.

Esse foi o posicionamento de nossa Corte Suprema, no julgamento da medida liminar da ADI 1.408-1/DF, em que se negou o pedido de concessão de medida liminar (Plenário, 15/2/96), para suspensão do então artigo 57 da Lei 9.100/95. Ficou decidido, por ampla maioria (9 votos a 1), que a distribuição dos períodos de propaganda eleitoral gratuita em função do número de representantes de cada partido na Câmara Federal estabelecido pelas urnas não feria o princípio da isonomia, tampouco caracterizava "generalidade normativa". Conforme salientou o ministro Francisco Rezek: "quanto ao princípio da isonomia, é de ver que os partidos políticos são profundamente desiguais e desigualmente devem ser tratados, sobretudo no que concerne ao tempo de uso gratuito de televisão, durante o qual consumirão as energias daqueles que se entregam à tarefa de assisti-los e de compará-los para formular suas opções de voto. Essa desigualdade não é congênita, nem é produto de desenho legislativo algum: é uma desigualdade que as urnas determinam, e que há de ser vista com respeito pelo democrata".

Igualmente, em seu voto, o ministro Sepúlveda Pertence salientou a necessidade de análise de "uma colisão de valores a considerar", entre eles: "o significado e a inserção já demonstrados do partido no eleitorado, que necessariamente hão de ser medidos por algum índice de desempenho eleitoral passado de cada um".

Na ADI 1.822, em que igualmente foi impugnado o critério escolhido pelo Congresso Nacional para a divisão do horário eleitoral gratuito de rádio e televisão, especificamente tendo sido arguidas as inconstitucionalidades da então redação do inciso I e do inciso II do § 2º, e os §§ 3º e 4º, todos do artigo 47 da Lei 9.504/97, decidiu o Supremo Tribunal Federal, por votação unânime, não conhecer da referida ação direta de inconstitucionalidade, que pretendia retirar do ordenamento jurídico o critério escolhido pelo Congresso Nacional. Ficou entendido que: "quanto ao primeiro pedido alternativo sobre a inconstitucionalidade dos dispositivos da Lei 9.504/97 impugnados a declaração de inconstitucionalidade, se acolhida como foi requerida, modificar o sistema da lei pela alteração do seu sentido, o que importa sua impossibilidade jurídica, uma vez que o Poder Judiciário, no controle de constitucionalidade dos atos normativos, só atua como legislador negativo e não como legislador positivo".

Dessa forma, por unanimidade de votos, nossa Suprema Corte não declarou a inconstitucionalidade do então previsto pelos §§ 2º e 3º, do artigo 47 da Lei 9.504/97. No citado julgamento da ADI 1.822, salientou o ministro Marco Aurélio a impossibilidade de o Poder Judiciário alterar a escolha do critério feito pelo Congresso no tocante à distribuição do tempo de propaganda eleitoral gratuita de rádio e televisão. Idêntico foi o entendimento do ministro Sepúlveda Pertence, para quem não seria possível conceder interpretação no sentido de entender inconstitucionais os critérios estabelecidos pelo Congresso Nacional.

O posicionamento do Supremo Tribunal Federal quanto à matéria sempre havia sido de prestigiar a opção do Congresso Nacional, desde que atendesse os princípios da igualdade e razoabilidade, fortalecendo o desempenho eleitoral passado, sem qualquer discriminação, com absoluto e irrestrito respeito ao princípio da soberania popular, instrumentalizado no Brasil pelo princípio da democracia representativa, em um sistema eleitoral proporcional de partidos políticos para as eleições da Câmara dos Deputados.

Assim, o sistema de representação proporcional consagrado pelo Constituição Federal e disciplinado pela legislação ordinária adota o escrutínio de lista ou voto de legenda nos partidos políticos, que depende, para sua efetiva implementação, de prévia definição do legislador ordinário no exercício do poder de regulação que lhe foi atribuído pelo ordenamento constitucional – que o fez por intermédio da Lei 9.504/97.

No sistema eleitoral brasileiro o eleitor exerce sua liberdade de escolha para a Câmara dos Deputados apenas entre os candidatos registrados em partidos políticos. Isso porque a eleição é realizada pelo sistema de representação proporcional, por lista aberta, uninominal, sendo que o primeiro destinatário do voto é o partido político viabilizador da candidatura por ele oferecida e a distribuição de cadeiras obtidas é realizada entre os partidos políticos, a partir da votação.

Não há dúvidas de que, nos termos do § 3º do artigo 17 da Constituição da República Federativa do Brasil, os partidos políticos têm direito a recursos do fundo partidário e acesso gratuito ao rádio e televisão, na forma da lei, porém respeitando-se de maneira absoluta e incondicional a vontade do eleitor depositada nas urnas em um sistema eleitoral partidário de representação proporcional, sob pena de subvertermos as regras da democracia representativa, desconsiderarmos as votações obtidas nas eleições e permitirmos lamentáveis episódios de verdadeiros "leilões" para obtenção de filiações de parlamentares aos novos partidos.

A medida de representatividade de cada partido político, com a consequente divisão do direito de arena e do fundo partidário, necessita de um critério objetivo que somente pode estar pautado no resultado pretérito obtido nas urnas, ou seja, na vontade popular.

INTERROGATÓRIO NAS INSTÂNCIAS PENAL E ADMINISTRATIVA*

Hipótese interessante que ainda não foi definida pelo Supremo Tribunal Federal no tocante ao exercício do princípio constitucional da ampla defesa diz respeito à conciliação entre a autonomia das instâncias penal e administrativa/disciplinar e o ato de interrogatório como momento processual importante da defesa.

Inúmeras e importantes operações realizadas pelas polícias Federal e Civil vêm dando ensejo à abertura simultânea de PAD (Procedimento Administrativo Disciplinar) e AP (Ação Penal), tendo como evidências exatamente os mesmos indícios e provas colhidos no campo penal ("prova emprestada" para o campo administrativo).

Assim, os PADs são instaurados sem que haja nenhuma prova nova e autônoma obtida no campo administrativo, que "emprestou" todas do inquérito policial que serviu de base ao Ministério Público para o oferecimento de denúncia contra os acusados. Na sequência, os acusados são inti-

---

* Publicado no ConJur – Coluna JUSTIÇA COMENTADA, de 11 de outubro de 2013.

mados para interrogatório no campo administrativo, antes do término da instrução processual penal.

O interrogatório do acusado como ato processual de defesa, inclusive permitindo o "direito ao silêncio", que engloba o *privilege against selfincrimination* (privilégio contra autoincriminação, em tradução livre) do réu em procedimentos sancionatórios, é direcionado no intuito de preservar o caráter voluntário de suas manifestações e a regularidade de seu julgamento, com um diálogo equitativo entre o indivíduo e o Estado, como bem salientado por T. R. S. Allan (*Constitucional Justice*. Oxford: University Press, 2006, p. 12).

A amplitude do interrogatório como meio de defesa, englobando o "direito ao silêncio" e o "direito de falar no momento adequado", sob a ótica da impossibilidade de alguém ser obrigado a produzir provas contra si mesmo, seja em suas declarações, seja na compulsoriedade de entrega de provas com potencial lesivo à sua defesa no processo penal, tornou-se tema obrigatório a ser discutido em relação ao direito constitucional à ampla defesa, tanto que submetido à alteração legislativa não só o transformou em meio de defesa, mas também o situou após o término da instrução processual penal.

A participação do réu em seu julgamento não é apenas um meio de assegurar que os fatos relevantes sejam trazidos à tona e os argumentos pertinentes considerados. Mais do que isso, o direito do acusado em ser ouvido no momento processual adequado é intrínseco à natureza do julgamento, cujo principal propósito é justificar o veredicto final para o próprio acusado, como resultado legal justamente obtido, concedendo-lhe o respeito e a consideração que qualquer cidadão merece.

É necessário conciliar a autonomia das instâncias administrativa/disciplinar e penal com a garantia constitucional da ampla defesa, quando o acusado, tanto em sede de PAD quanto em AP, pretende no momento processual penal adequado apresentar em seu interrogatório sua versão dos fatos, impugnando – como a lei lhe permite – a prova produzida pela acusação durante a instrução processual penal. Conforme apontado pelo ministro Celso de Mello (8ª Questão de Ordem na Ação Penal nº 470, *DJe* de 2/5/2011), o interrogatório é "um ato de defesa", e tem lugar "na última fase da instrução probatória", pois somente nesse momento o "acusado terá plenas condições de estruturar de forma muito mais adequada a sua defesa", mesmo que possa optar por "calar-se".

Toda vez que o acusado é forçado a depor no campo administrativo antes de encerrada a produção probatória penal por parte da acusação, pelos mesmos fatos, ou produzir prova contra si mesmo em procedimentos que pretendam qualificá-lo como "testemunha", enquanto sujeito de direitos, não pode ser considerado como participante em um diálogo processual genuíno, consagrado constitucionalmente, havendo grave ferimento no devido processo legal e em seus principais corolários, o direito à ampla defesa e ao contraditório, como salientado pela Corte Suprema Norte Americana (R. v. Sang – 1980 – AC 402). Kent Greenawalt (Silence as Moral and Constitucional Right, *Willian & Mary Law Review*, v. 23, p. 35-36) salienta que o suspeito está normalmente sujeito ao alcance dos poderes compulsórios do Estado necessários para assegurar a confiabilidade da evidência, podendo, se preciso, submeter-se à busca de sua pessoa ou propriedade, dar suas impressões digitais quanto autorizado em lei e ser intimado para interrogatório. Cabe, entretanto, ao réu escolher até onde vai auxiliar a acusação, oferecendo explicações ou admissões à luz das evidências contra ele, e sendo interrogado, desde que no momento processual adequado, "ao final da instrução, depois de ouvidas as testemunhas arroladas, bem como após a produção de outras provas, como eventuais perícias", como salientado pelo Ministro Ricardo Lewandowski (STF, AP 528 AgR/DF), pois somente o respeito ao momento certo do depoimento do acusado "mostra-se mais benéfico à defesa".

Não é constitucionalmente razoável e exigível que alguém traia a si mesmo – *nemo debet prodere se ipsum* –, como bem observado por Kent Greenawalt (Silence as a Moral and Constitucional Right, *William & Mary Law Review*, v. 23, p. 40-41), antecipando o importante momento de seu ato de defesa, qual seja seu interrogatório, sem que tenha tido contato com todas as provas produzidas para sua incriminação; mesmo que o faça no campo administrativo.

A existência de autonomia das instâncias penal e administrativa não pode ter o condão de permitir a inversão de um ato de defesa, impedindo ao acusado a "oportunidade para esclarecer divergências e incongruências que, não raramente, afloram durante a edificação do conjunto probatório" (STF, AP 528, ministro Ricardo Lewandowski).

Não haveria razoabilidade em se exigir que, em relação aos mesmos fatos, pudesse o impetrante ser notificado para comparecer perante a Comissão Processante para apresentar sua versão dos fatos antes do término da instrução probatória na ação penal, sob pena de inversão tumultuária dos atos processuais, com claro prejuízo a ampla defesa e contraditório.

É reconhecido pelo Poder Judiciário brasileiro que o Princípio da Razoabilidade impede os tratamentos excessivos (*ubermassig*), inadequados (*unangemessen*), buscando-se sempre no caso concreto o tratamento necessariamente exigível (*erforderlich, unerlablich, undeting notwendig*).

Nessas hipóteses, independentemente da autonomia de instâncias, o tratamento exigível adequado e não excessivo aos acusados deve possibilitar que o mesmo somente seja interrogado pelos fatos surgidos na operação policial no momento processual adequado, ou seja, após a instrução processual penal instaurada para apuração dos mesmos fatos, independentemente da esfera de apuração.

Se os fatos são os mesmos! Se as provas que justificaram a instauração do procedimento disciplinar são somente as "provas emprestadas" da investigação penal! Se as imputações são idênticas! Deve ser observado o Devido Processo Legal e garantida a Ampla Defesa ao acusado, permitindo-lhe que seja intimado na condição de investigado e seu interrogatório no campo administrativo somente possa ser realizado após o término de toda produção probatória no campo processual penal.

O Princípio do Contraditório somente estará plenamente assegurado e será absolutamente respeitado se o acusado – na condição de réu – for interrogado na Ação Penal e em qualquer procedimento administrativo sancionatório que trate dos mesmos fatos, após toda a instrução processual penal, para ter a oportunidade, como já salientado, de "esclarecer divergências e incongruências que, não raramente, afloraram durante a edificação do conjunto probatório".

Exigir-se do acusado que compareça à Comissão Processante – mesmo que na fictícia condição de testemunha – para antecipar seu interrogatório sobre os mesmos fatos e provas existentes no processo penal constitui ferimento de morte à ampla defesa e ao *due process of Law* (*devido processo legal*).

O direito de ser interrogado após o término da instrução processual penal, o direito ao silêncio, e, consequentemente, o direito de não produzir provas em momentos inoportunos, também demanda a exclusão de um testemunho impropriamente obtido por outros meios que destroem sua natureza voluntária, seja por fictamente tratar o acusado como testemunha, seja por inverter a ordem natural do interrogatório, pois não é constitucionalmente possível qualquer indução de natureza de promessa ou ameaça exteriorizada pela pessoa com autoridade para obter ou forçar o interrogatório ou a entrega de documentos e provas desfavoráveis (Corte Suprema Norte-americana: *R. v. Baldry* (1852) 2 Den 430, p. 445; *R. v. Priestley* (1965) 51 Cr App R1, *Ibrahim v. R.* (1914) AC 599; *McDermott v. R.* (1948) 76 CLR 501).

A obrigação do acusado, no campo do procedimento administrativo, em responder a perguntas ou de fornecer evidências sobre os mesmos fatos imputados como criminosos no âmbito penal, antes do término da instrução processual penal, destruiria a natureza voluntária de qualquer interrogatório, ferindo de morte as garantias processuais do acusado, pois poderiam colocá-lo ilicitamente sob suspeita de culpabilidade perante a Comissão Processante, pelo não comparecimento ou pelo exercício do direito ao silêncio, com grave ferimento aos direitos constitucionais como proclama a Suprema Corte Norte-americana (*R. v. Payne* (1963) 1 WLR 637; *R. v. Mason* (1987) 3 AII ER 481).

O acusado, portanto, não pode ser forçado a testemunhar na esfera administrativa sobre absolutamente os mesmos fatos de que está sendo acusado criminalmente antes do término da instrução processual penal, pois ainda deverá ser feita toda a colheita de provas por parte do Ministério Público para que somente então ele possa exercer com plenitude seu direito de defesa.

O acusado tem o direito de ser ouvido no procedimento administrativo na condição de investigado e somente após a produção probatória no campo penal, quando se tratam dos mesmos e idênticos fatos, para que possa exercer em sua plenitude o Direito à Ampla Defesa e contraditório, analisando as provas produzidas pela acusação e demonstrando suas divergências e incongrugências.

NOVAS REGRAS DEVEM FORTALECER DEMOCRACIA REPRESENTATIVA*

O Senado Federal aprovou, no dia 23 de outubro de 2013, o Projeto de Decreto Legislativo 85/2013, que seguirá para a Câmara dos Deputados, e determina a sustação dos efeitos da resolução administrativa expedida pelo Tribunal Superior Eleitoral, nos autos da Petição 9.495/AM, que redefine o número de Deputados Federais, Estaduais e Distritais, sob a alegação de que a competência prevista no § 1º, do artigo 45 da Constituição Federal para estabelecer por lei complementar o número total de deputados, bem como a representação por Estado e pelo Distrito Federal proporcionalmente à população, abrange igualmente a exclusividade para proceder aos ajustes necessários, no ano anterior às eleições. O senador Vital do Rêgo (PMDB-PB), presidente da comissão, salientou que "a exclusividade da competência atribuída ao Congresso Nacional deixa essa decisão imune à delegação a outro Poder, na esteira do entendimento que fundamentou os votos divergentes no Plenário do TSE", concluindo que

---

* Publicado no ConJur – Coluna JUSTIÇA COMENTADA, de 25 de outubro de 2013.

"ao alterar o tamanho das bancadas dos Estados, o TSE exorbita de suas atribuições, situando-se em confronto com o princípio da separação dos Poderes, assegurado no artigo 2º da Constituição".

Independentemente do mérito da questão, em que nessa oportunidade me parece estar o Senado Federal com a razão, é preocupante que os embates entre Congresso Nacional e Poder Judiciário em torno de assuntos políticos sejam cada vez mais frequentes e as posições diametralmente opostas. Basta lembrarmos dos recentes julgados sobre "cláusula de desempenho e barreira", "fidelidade partidária", "verticalização das eleições", "direito a suplência – partido ou coligação", "divisão do tempo de arena e do fundo partidário", entre outros.

Esse novo conflito em matéria política entre os Poderes Judiciário e Legislativo reforça a necessidade de profundas alterações em nosso sistema eleitoral, a fim de garantir maior legitimidade e representatividade aos representantes do povo, inclusive perante os tribunais superiores.

A análise da crescente importância do novo papel do Poder Judiciário no Brasil e seu alargamento em assuntos tradicionalmente legislativos passa obrigatoriamente pelo estudo das dificuldades da representação política, da organização e funcionamento dos partidos políticos e de nosso sistema eleitoral representativo, enquanto sustentáculos da democracia.

A Constituição Federal de 1988 evoluiu da democracia meramente representativa para a democracia participativa, na qual, ao lado dos tradicionais partidos políticos, encontra-se a própria sociedade civil tentando concretizar a vontade soberana do povo nas manifestações do Estado, como verificamos, por exemplo, na iniciativa legislativa popular da "Ficha Limpa" e nos inúmeros protestos e manifestações ocorridas no país.

O fortalecimento do Poder Judiciário e da jurisdição constitucional, principalmente pelos complexos mecanismos de controle de constitucionalidade e pelo vigor dos efeitos de suas decisões, em especial os efeitos vinculantes, somados à inércia do próprio Legislativo em efetivar totalmente as normas constitucionais (por exemplo, a adequação das bancadas legislativas por Estado) e discutir a evolução legislativa (como por exemplo: casamento e união estável homoafetiva, aborto do feto anencéfalo, nova regulamentação para a imprensa), vem permitindo que novas técnicas interpretativas ampliem a atuação jurisdicional em assunto tradicionalmente da alçada parlamentar.

Essa transformação político-social e o constante aumento de atuação do Poder Judiciário no cenário nacional em assuntos políticos acabaram por ampliar a crise representativa no Legislativo, aumentando o fosso existente entre o povo e seus representantes e gerando a necessidade urgente de uma ampla reforma política.

Há desesperada necessidade de reaproximação da vontade popular com o Congresso Nacional, pois o enfraquecimento deste é um dos maiores perigos para o constante aprimoramento e a própria sobrevivência da democracia, seja pelo vertiginoso fortalecimento de diversos "grupos de pressão", como atores invisíveis e irresponsáveis politicamente, seja por substituição da atividade legiferante pela atuação hipertrofiada do Judiciário.

Sem pretendermos encontrar um cenário ideal, que decorre de lento e constante fortalecimento democrático, para que ocorra a concretização dessa finalidade há necessidade de algumas reformas estruturais básicas no sistema político nacional, com o consequente fortalecimento da democracia e um maior equilíbrio entre os poderes.

É necessária uma maior participação popular na função legislativa com urgente necessidade de desburocratização das práticas e das organizações da representação política, para que os processos decisórios tendam à maior informalidade e participação da vontade geral, com maior aproximação dos representados com seus representantes. Isso deve ocorrer tanto com a facilitação da iniciativa popular de lei – com fixação de um único requisito, qual seja, 0,5% do eleitorado nacional – quanto com o acréscimo da previsão constitucional de um verdadeiro "veto popular legislativo", de maneira que 1% do eleitorado nacional pudesse sugerir a revogação de determinada lei ao Congresso Nacional, que deveria em um prazo de 100 dias (regime de urgência) reanalisar a lei em vigor e ratificá-la por maioria, ou caso contrário, estaria revogada a norma.

Igualmente, o fortalecimento dos partidos políticos é essencial, pois devem ser prestigiados e democratizados na reforma política enquanto principais atores do cenário nacional, porém submetendo-os a imediata criação constitucional de cláusula de desempenho, baseada no percentual de votos totais obtidos nas eleições gerais para a Câmara dos Deputados, com impedimento da realização de coligações proporcional entre os partidos, de maneira a conceder verdadeira legitimidade às agremiações.

A realização de efetivas alterações em nosso sistema de representação, com adoção em âmbito municipal e estadual, do voto distrital puro (majoritário) e, em âmbito nacional, aprovação do voto distrital misto (50% distrital/majoritário e 50% proporcional) também propiciará maior proximidade entre eleitor e candidato, sem, porém, afastar por completo a representação de grupos minoritários no Congresso Nacional (sistema proporcional).

A introdução de novas regras de democracia representativa é vital para o ressurgimento do Poder Legislativo como local preferencial para os grandes debates nacionais. Isso em nada diminuirá o novo papel que a Justiça vem desempenhando ao adaptar-se à nova realidade social, abandonando seu tradicional imobilismo na busca de métodos mais eficazes para a consagração da efetividade dos direitos proclamados pela Constituição.

O país somente crescerá com um maior equilíbrio entre os poderes. Isso é absolutamente necessário para evitarmos a continuidade dos constantes atritos e corrosão da expectativa popular em seus representantes e, consequentemente, na democracia.

"CLÁUSULA DE DESEMPENHO" FORTALECE O SISTEMA ELEITORAL*

O grupo de trabalho da Reforma Política instituído pela Câmara dos Deputados apresentou, no último dia 5 de novembro de 2013, seu relatório final sobre as alterações dos artigos 14, 17, 27, 29, 45 e 121 da Constituição Federal, propondo a instituição do voto facultativo, a modificação do sistema eleitoral e de coligações, disposições sobre o financiamento das campanhas eleitorais, o prazo mínimo de filiação partidária e critérios para o registro dos estatutos do partido no Tribunal Superior Eleitoral, a alteração das datas das eleições para coincidência dos mandatos e a proibição da reeleição; estabelecendo, ainda, a previsão de referendo popular para a aprovação das alterações.

A Proposta de Emenda Constitucional trata de relevantes e importantíssimas alterações no sistema eleitoral brasileiro, que merecem ser tratadas detalhadamente. No presente estudo, será analisada a possibilidade da reintrodução da "cláusula de desempenho" em relação aos par-

---

* Publicado no ConJur – Coluna JUSTIÇA COMENTADA, de 8 de novembro de 2013.

tidos políticos, que já foi objeto de análise e conclusões diversas em diferentes momentos no Supremo Tribunal Federal, liminarmente em 2001 (ADI 1.354, Rel. Min. Maurício Corrêa) e no mérito em 2006 (ADI 1.351 e ADI 1.354, Rel. Min. Marco Aurélio), quando foi declarada a inconstitucionalidade do artigo 13 da Lei 9.096, de 19 de novembro de 1995.

"Cláusula de desempenho" é o conjunto de normas jurídicas que estabelece um percentual ou número mínimo de apoio do eleitorado nas eleições para a Câmara dos Deputados (como, por exemplo, a previsão já existente do quociente eleitoral) como requisito essencial para o regular funcionamento parlamentar e gozo do direito à obtenção de recursos do fundo partidário e acesso gratuito ao rádio e televisão ("direito de arena") pelos partidos políticos, com a finalidade de garantir um controle qualitativo baseado na legitimidade e representatividade popular das agremiações partidárias para o fortalecimento da Democracia representativa. Várias democracias europeias adotam formas de cláusula de desempenho adaptadas às suas condições políticas e culturais, como, por exemplo, a Alemanha, França, Itália, Espanha, Suécia e Grécia, entre outras.

No Brasil, a cláusula de desempenho surgiu no Código Eleitoral de 1950 (artigo 148), de forma amena, e teve suas exigências radicalizadas durante o período de ditadura militar, pelo artigo 149, inciso VIII, do texto constitucional de 1967, flexibilizado, posteriormente, pela EC 11/78 e pela EC 25/85, que estabeleceu não ter direito à representação no Congresso Nacional o partido que não obtivesse o apoio de 3% do eleitorado das eleições gerais, distribuídos os votos em pelo menos cinco estados, com o mínimo de 2% em cada um deles.

Apesar de nunca terem sido aplicadas na prática eleitoral durante a ditadura, a finalidade da previsão da cláusula de barreira pelo regime militar era claramente inviabilizar o surgimento de agremiações oposicionistas, o que acabou por criar um grande preconceito em relação à cláusula de desempenho no Brasil, que passou a ser taxada, erroneamente, de antidemocrática, inclusive na Assembleia Nacional constituinte e na própria Revisão Constitucional, que não chegou a votar o relatório do então deputado Nelson Jobim, que estabelecia a criação de nova cláusula de desempenho, apontando em seu parecer a importância dessa previsão para o fortalecimento dos partidos políticos e, consequentemente, da democracia representantiva, salientando que "não se justifica a representação, na Câmara dos Deputados, de um partido que não tenha obtido apoio de significativa parcela do eleitorado, como reflexo do interesse despertado por suas propostas. Tal preocupação se traduz, também, na intenção de erradicar as ditas 'legendas de aluguel', que desmoralizam nossas instituições políticas. Enfrentar esse problema é enfrentar a questão crucial da governabilidade".

Posteriormente, com a edição da Lei 9.096/95, estabeleceu-se nova "cláusula de desempenho" com vigência prevista para duas eleições futuras e que, igualmente, acabou naufragando no Supremo Tribunal Federal.

Em um primeiro momento, ao analisar e negar o pedido de suspensão liminar do artigo 13 da Lei 9.096/95, que introduzia em nosso ordenamento legal nova "cláusula de desempenho", entendeu o Supremo Tribunal Federal se tratar de "mecanismos de proteção para a própria convivência partidária, não podendo a abstração de a igualdade chegar ao ponto do estabelecimento de verdadeira balbúrdia na realização democrática do processo eleitoral", concluindo que a "cláusula de desempenho" não impediria a "qualquer partido, grande ou pequeno, desde que habilitado perante a Justiça Eleitoral" de participar da "disputa eleitoral, em igualdade de condições, ressalvados o rateio dos recursos do fundo partidário e a utilização do horário gratuito de rádio e televisão – o chamado 'direito de arena'" (ADI 1354, pedido liminar).

Posteriormente, porém, em análise do mérito, o STF declarou por unanimidade a inconstitucionalidade do citado artigo, proclamando que "surge conflitante com a Constituição Federal lei que, em face da gradação de votos obtidos por partido político, afasta o funcionamento parlamentar e reduz, substancialmente, o tempo de propaganda partidária gratuita e a participação no rateio do Fundo Partidário" (julgamento em 17/12/2006).

Não concordamos com o posicionamento final do Supremo Tribunal Federal, uma vez que a própria Constituição Federal autorizou o legislador ordinário a estabelecer os requisitos para o funcionamento parlamentar dos partidos políticos (artigo 17, inciso IV) e para o rateio do fundo partidário e do "direito de arena" (artigo 17, § 3º), e o artigo 13 da Lei 9.096/95 o fez de maneira razoável, pois adequou as exigências ao mínimo necessário para garantir representatividade popular às agremiações. Porém, importante se observar que, em face desse posicionamento anterior do Supremo Tribunal Federal pela inconstitucionalidade da criação de "cláusula de desempenho" por legislação ordinária, a Câmara dos Deputados entendeu por bem realizar as alterações no próprio texto constitucional, não existindo qualquer incompatibilidade dessa alteração com as cláusulas pétreas previstas no artigo 60, § 4º.

Assim, o artigo 2º da PEC apresenta alterações no § 3º do artigo 17 da Constituição estabelecendo nova "cláusula de desempenho", com *status constitucional*, ao prever que somente terão direito a recursos do fundo partidário e acesso gratuito ao rádio e televisão, na forma da lei, os partidos políticos que tenham obtido, na última eleição para a Câmara dos Deputados, 5% dos votos apurados, não computados os em branco e os nulos, distribuídos em, pelo menos, um terço dos Estados, com um mínimo de 3% do total de cada um deles.

Não há qualquer exagero nos critérios estabelecidos, que guardam total razoabilidade com a necessidade de fortalecimento da democracia representativa consagrada constitucionalmente no parágrafo único do artigo 1º, sendo mais do que necessário abandonarmos posturas paternalistas e demagógicas e acreditarmos no filtro democrático feito pelo povo, enquanto conjunto de eleitores que periodicamente escolhe seus representantes e concede seus votos a agremiações políticas, que somente por meio do batismo da soberania popular passam a adquirir representatividade e se legitimam a representar-nos.

Nada justifica a obrigatoriedade de o contribuinte brasileiro sustentar inúmeras agremiações partidárias e seus respectivos dirigentes, por meio da distribuição dos recursos do fundo partidário a grupos sem qualquer representatividade e legitimidade, em face do diminuto número de votos obtidos nas eleições.

Nada justifica, também, a invasão obrigatória que os brasileiros sofrem mensalmente em suas residências por meio do acesso gratuito ao rádio e televisão desses partidos políticos que não lograram o êxito mínimo nas últimas eleições em virtude de o povo ter repudiado suas ideias por meio do sufrágio universal e do voto secreto.

A distribuição dos recursos do fundo partidário e a concessão do "direito de arena" a todos os partidos políticos, mesmo que proporcionalmente, mas sem a exigência de um mínimo de apoiamento dos eleitores, não é razoável e representa um escárnio à Democracia, constituindo verdadeiro incentivo à criação de "legendas de aluguel" e "profissionais das eleições", que vivem tão somente desses recursos e aumentam vertiginosamente o fosso existente entre representantes e representados, corroendo os pilares da República.

Nesse tópico da PEC, entendemos que houve acerto do Grupo de Reforma Política da Câmara dos Deputados, não havendo óbice jurídico algum para a aprovação política dessa alteração do § 3º do artigo 17 da Constituição Federal, instituindo saneadora "cláusula de desempenho" em nosso sistema eleitoral para fortalecimento da própria democracia.

BIOGRAFIAS REQUEREM LIBERDADE COM RESPONSABILIDADE*

No dia 21 de novembro de 2013, o Supremo Tribunal Federal promoveu audiência pública sobre a importante questão das "biografias não autorizadas", tendo a ministra Carmen Lúcia afirmado que "estamos lutando pela liberdade e a liberdade é sempre plural".

Na ADI 4.815, a Associação Nacional dos Editores de Livros (Anel) impugnou os artigos 20 e 21 do Código Civil, que estabelecem que "salvo se autorizadas, ou se necessárias à administração da Justiça ou à manutenção da ordem pública, a divulgação de escritos, a transmissão da palavra, ou a publicação, a exposição ou a utilização da imagem de uma pessoa poderão ser proibidas, a seu requerimento e sem prejuízo de indenização que couber, se lhe atingirem a honra, a boa fama ou a respeitabilidade, ou se se destinarem a fins comerciais" (artigo 20), uma vez que "a vida privada da pessoa natural é inviolável, e o juiz, a requerimento do interessado, adotará as providên-

---

* Publicado no ConJur – Coluna JUSTIÇA COMENTADA, de 22 de novembro de 2013.

cias necessárias para impedir ou fazer cessar ato contrário a esta norma" (artigo 21).

O STF precisará analisar a harmonização, ponderação e valoração entre a liberdade de expressão e informação e a comunicação social com a proteção à imagem, à honra e à vida privada, para decidir sobre a possibilidade de livre publicação de biografias, sem necessidade de prévia autorização.

A manifestação do pensamento, a criação, a expressão, a informação e a livre divulgação dos fatos, consagradas constitucionalmente no inciso XIV do artigo 5º da Constituição Federal, devem ser interpretadas em conjunto com a inviolabilidade à honra e à vida privada (CF, artigo 5º, inciso X), bem como com a proteção à imagem (CF, artigo 5º, inciso XXVII, *a*), sob pena de responsabilização do agente divulgador por danos materiais e morais (CF, artigo 5º, incisos V e X).

O direito de receber informações verdadeiras é um direito de liberdade e caracteriza-se essencialmente por estar dirigido a todos os cidadãos, independentemente de raça, credo ou convicção político-filosófica, com a finalidade de fornecimento de subsídios para a formação de convicções relativas a assuntos de interesse público ou social.

A proteção constitucional às informações verdadeiras também engloba aquelas eventualmente errôneas ou não comprovadas em juízo, desde que não tenha havido comprovada negligência ou má-fé por parte do informador. Entretanto, a Constituição Federal não protege as informações levianamente não verificadas ou astuciosas e propositadamente errôneas, transmitidas com total desrespeito à verdade, pois as liberdades públicas não podem prestar-se à tutela de condutas ilícitas.

A proteção constitucional à informação é relativa, havendo a necessidade de distinguir as informações de fatos de interesse público e social, da vulneração de condutas íntimas e pessoais, protegidas pela inviolabilidade à intimidade e à vida privada, e que não podem ser devassadas de forma vexatória ou humilhante.

Jean-François Revel faz importante distinção entre a livre manifestação de pensamento e o direito de informar, apontando que a primeira deve ser reconhecida inclusive aos mentirosos e loucos, enquanto o segundo, diferentemente, deve ser objetivo, proporcionando informação exata e séria.

O gênero literário "biografia", cujo objetivo é "informar", exige a plenitude do exercício da liberdade de expressão e de manifestação de pensamento, não podendo sofrer nenhum tipo de limitação prévia, no tocante à censura de natureza política, ideológica e artística; porém, "proporcionando informação exata e séria", mesmo que desagradável.

A necessidade de autorização para publicação de biografias equivaleria a censura prévia, pois significaria verdadeiro exame e controle de seu conteúdo a terceiros diversos do autor ou editor, com a necessidade de submissão preventiva e com caráter vinculativo de qualquer texto que se pretendesse exibir ao público em geral, pois a "não autorização" impediria qualquer publicação pelo autor.

Não nos esqueçamos de que o "caráter preventivo e vinculante" é o traço marcante da censura prévia, sendo a restrição à livre manifestação de pensamento sua finalidade antidemocrática, pois, como salientado pelo ministro Celso de Mello, "a liberdade de expressão é condição inerente e indispensável à caracterização e preservação das sociedades livres e organizadas sob a égide dos princípios estruturadores do regime democrático" (AI 675.276/RJ).

Parece-nos, portanto, que o texto constitucional repele frontalmente a possibilidade de censura prévia inclusive nessa hipótese de publicação de biografias, com ampla possibilidade de crítica e de informações de interesse público e social, pois conforme destacado pelo ministro Celso de Mello, o *direito de crítica* é "prerrogativa constitucional cujo suporte legitimador repousa no pluralismo político (CF, artigo 1º, inciso V), que representa um dos fundamentos inerentes ao regime democrático. O exercício do direito de crítica é inspirado por razões de interesse público: uma prática inestimável de liberdade a ser preservada contra ensaios autoritários de repressão penal", concluindo ser a arena política *"um espaço de dissenso por excelência"* (Pet. 3.486).

A previsão constitucional de vedação à censura prévia, porém, não significa que a liberdade de expressão é absoluta, não encontrando restrições nos demais direitos fundamentais, pois a responsabilização posterior do autor e editor pelas informações injuriosas, difamantes, mentirosas, sempre será cabível, em relação a eventuais danos materiais e morais, pois os direitos à honra, à intimidade, à vida privada e à própria imagem formam a proteção constitucional à dignidade da pessoa humana, salvaguardando um espaço íntimo intransponível por intromissões ilícitas externas. Obviamente, no caso de biografias, o campo de interseção entre fatos de interesse público e social e a vulneração de condutas íntimas e pessoais é muito extenso, quando se trata de personalidades públicas, não sendo possível definir *a priori* essa situação.

Nessas hipóteses, a interpretação constitucional ao direito de informação deve ser alargada, enquanto a correspondente interpretação em relação à vida privada e intimidade devem ser restringidas, uma vez que por opção pessoal as assim chamadas pessoas públicas (políticos, atletas profissionais, artistas etc.) colocaram-se em posição de maior destaque e interesse social.

Porém, mesmo em relação às pessoas públicas, a incidência da proteção constitucional à vida privada, intimidade, dignidade e honra permanece intangível, não havendo possibilidade de ferimento por parte de informações que não apresentem nenhuma relação com o interesse público ou social, ou, ainda, com as funções exercidas por elas. Os responsáveis por essas informações deverão ser integralmente responsabilizados, garantindo-se ao ofendido, além dos danos morais e materiais, amplo direito de resposta.

A consagração constitucional do direito de resposta proporcional ao agravo é instrumento democrático moderno previsto em vários ordenamentos jurídico-constitucionais, e visa proteger a pessoa de imputações ofensivas e prejudiciais a sua dignidade humana e sua honra. A abrangência desse direito fundamental é ampla, aplicando-se em relação a todas as ofensas, configurem ou não infrações penais ou ilícitos civis, pois existem fatos que, mesmo sem configurar crimes, acabam por afetar a reputação alheia, a honra ou o bom nome da pessoa, além de também vulnerarem a verdade, cuja divulgação é de interesse geral, exigindo o restabelecimento da verdade, de sua reputação e de sua honra, por meio do exercício do chamado direito de réplica ou de resposta.

A liberdade de livre manifestação de expressão e de informação, em todos os seus aspectos, inclusive mediante a vedação de censura prévia, deve ser exercida com a necessária responsabilidade que se exige em um Estado Democrático de Direito, de modo que o desvirtuamento da mesma para o cometimento de fatos ilícitos, civil ou penalmente, possibilitará aos prejudicados plena e integral indenização por danos materiais e morais, além do efetivo direito de resposta, cuja aplicação nessas hipóteses torna-se absolutamente essencial.

CONGRESSO FINALMENTE ADOTA VOTO ABERTO PARA CASSAÇÕES*

Em artigo de minha autoria publicado no ConJur, em 30 de agosto de 2013 (*Congresso Nacional precisa recuperar sua dignidade*), afirmei que "em lamentável e funesta votação ocorrida na Câmara dos Deputados, em 28 de agosto de 2013, não se obteve a necessária maioria da Câmara dos Deputados para decretar a perda do mandato de parlamentar condenado definitivamente pelo Supremo Tribunal Federal por crimes contra a administração pública e fraude à licitação".

Salientei, ainda naquela oportunidade, que "a hipótese não acarretava nenhum perigo à independência do Legislativo e à autonomia do exercício de mandatos parlamentares, mas um número suficiente de parlamentares manteve o mandato do deputado condenado criminalmente, sob o manto da covarde ausência de transparência existente nessa votação secreta, humilhando a crença brasileira em dias melhores e a necessidade de maior combate à corrupção,

---

* Publicado no ConJur – Coluna JUSTIÇA COMENTADA, de 6 de dezembro de 2013.

esquecendo-se das lições de Caio Túlio Cícero, pela qual fazem muito mal à República os políticos corruptos, não apenas por se corromperem, mas também por corromperem e, principalmente, pela nocividade do exemplo", para concluir pela necessidade de imediata alteração na Constituição e pela urgência de o Congresso Nacional resgatar sua dignidade e o respeito pelo Parlamento.

Justiça seja feita! O Congresso Nacional reagiu à altura e soube atender aos anseios do povo brasileiro, cansado dos subterfúgios do poder, da escuridão das decisões e da opacidade das importantes votações.

A Emenda Constitucional 76, promulgada no dia 28 de novembro de 2013, alterou o § 2º do artigo 55 e o § 4º do artigo 66 da Constituição Federal, para abolir a votação secreta nos casos de perda de mandato de Deputado ou Senador e de apreciação de veto.

A votação ostensiva e nominal dos representantes do povo, salvo raríssimas exceções em que a própria independência e liberdade do Congresso Nacional estarão em jogo, é a única forma condizente com os princípios da soberania popular e da publicidade consagrados, respectivamente, no parágrafo único do artigo 1º e no artigo 37, *caput*, da Constituição Federal e consagradora da efetividade democrática, pois a democracia somente surge, como ensinado por Canotilho e Moreira, a partir de verdadeiro *"processo de democratização*, entendido como processo de aprofundamento democrático da ordem política, econômica, social e cultural". O princípio da publicidade consagrado constitucionalmente somente poderá ser excepcionado quando o interesse público assim determinar, pois o eleitor tem o direito de pleno e absoluto conhecimento dos posicionamentos de seus representantes.

Esse *processo de democratização* somente estará sendo respeitado e aprimorado se houver possibilidade de o eleitorado fiscalizar a atuação dos parlamentares na votação de importantes questões como o impedimento da mais alta autoridade do Poder Executivo (*impeachment*) e dos próprios parlamentares, evitando-se assim incompatibilidade frontal e absurda entre o *senso deliberativo da Comunidade* e eventuais conluios político-partidários, pois, como salientado por Alexander Hamilton nos artigos Federalistas, "o princípio republicano requer que o senso deliberado da comunidade governe a conduta daqueles a quem ela confia a administração de seus assuntos".

Diferentemente do eleitor, que necessita do sigilo de seu voto como garantia de liberdade na escolha de seus representantes, sem possibilidade de pressões anteriores ou posteriores ao pleito eleitoral, os deputados e senadores são mandatários do povo e devem observar total transparência em sua atuação, para que a publicidade de seus votos possa ser analisada, refletida e ponderada pela sociedade nas futuras eleições, no exercício pleno da cidadania.

Trata-se de posicionamento sempre defendido pelo professor Paulo Bonavides, ao apontar a constitucionalidade material do voto aberto no inciso II do artigo 1º da Constituição, por ser, como afirmado pelo mestre, "a cidadania um dos fundamentos da República Federativa do Brasil" e não existir cidadania na "escuridão do voto secreto".

A *votação aberta*, além de consagrar o respeito ao princípio republicano, respeita integralmente a independência parlamentar, que poderá livremente se posicionar, a partir de sua consciência e da Constituição Federal, refutando-se qualquer insinuação de incompatibilidade entre a votação aberta e a liberdade parlamentar, pois, como lembrado pelo ministro Néri da Silveira, em defesa do voto aberto à época do *Impeachment*, "recuso-me admitir que os ilustres Deputados Federais, representantes da Nação, no instante de desempenhar tão extraordinária função, qual seja, autorizar o processo por crime de responsabilidade do Presidente da República, possam se submeter à coação do Governo ou do povo, como se a firma em acesa polêmica da imprensa escrita, deixando, ao contrário, de deliberar, como é de seu fundamental dever, de acordo com a consciência e a visão dos interesses e destinos superiores da Pátria" (STF, MS 21.564/DF).

Dessa forma, exige-se do Poder Legislativo, no exercício de sua função de fiscalização, seja do chefe do Executivo, seja de seus próprios pares, integral respeito à transparência, lisura e publicidade nos processos e julgamentos, adotando-se o voto aberto, para reafirmar-se a efetividade do princípio republicano da soberania popular – que proclama todo o poder emanar do povo – e garantindo-se a participação popular nos negócios políticos do Estado como condição inafastável da perpetuidade da democracia.

Não por outro motivo, a Constituição Federal consagra no *caput* de seu artigo 53 verdadeira *cláusula de inviolabilidade parlamentar*, impedindo-os que possam ser processados civil ou criminalmente por suas palavras, votos e opiniões proferidos no exercício do mandato. Mas não há liberdade sem responsabilidade, que nas hipóteses de palavras, votos e opiniões dos parlamentares se traduz na absoluta necessidade de prestação de contas a todos os eleitores.

AMPLITUDE E LIMITAÇÕES DA COMPETÊNCIA DISCIPLINAR DO CNJ*

Não raras vezes, o Supremo Tribunal Federal vem sendo chamado a decidir sobre os limites constitucionais das competências do Conselho Nacional de Justiça, importante órgão de cúpula administrativa e disciplinar do Poder Judiciário criado pela Emenda Constitucional 45/04.

Na ADI 4.638, o STF analisou a competência disciplinar do CNJ e a necessidade de compatibilização entre o princípio da autonomia dos Tribunais (CF, artigos 96, inciso I e 99) e as competências constitucionais originárias do Conselho Nacional de Justiça (CF, artigo 103-B, § 4º, inciso III e § 5º, incisos I, II e III) no âmbito disciplinar. Nessa ação, nossa Suprema Corte, compatibilizando os princípios e normas constitucionais, decidiu pela competência administrativa disciplinar originária e concorrente do CNJ, em duas hipóteses: (a) competência originária disciplinar inicial e terminativa; (b) competência originária disciplinar revisional e terminativa.

---

* Publicado no ConJur – Coluna JUSTIÇA COMENTADA, de 21 de fevereiro de 2014.

No exercício de sua competência originária, disciplinar, inicial e terminativa, nos termos do inciso III do § 4º do artigo 103-B, poderá o CNJ "receber e conhecer das reclamações contra membros do Poder Judiciário, inclusive contra seus serviços auxiliares, serventias e órgãos prestadores de serviços notariais e de registro que atuem por delegação do poder público ou oficializados, sem prejuízo da competência disciplinar e correcional dos tribunais, podendo avocar processos disciplinares em curso e determinar a remoção, a disponibilidade ou a aposentadoria com subsídios ou proventos proporcionais ao tempo de serviço e aplicar outras sanções administrativas, assegurada a ampla defesa", inclusive podendo, para cumprir sua missão constitucional, nos termos do § 5º do citado artigo 103-B, receber as reclamações e denúncias, de qualquer interessado, relativas aos magistrados e aos serviços judiciários, exercer as funções executivas do Conselho, de inspeção e de correição geral.

Por sua vez, nos termos do inciso V do § 4º do artigo 103-B, poderá o CNJ, no exercício de sua competência originária disciplinar revisional e terminativa, "rever, de ofício ou mediante provocação, os processos disciplinares de juízes e membros de tribunais julgados há menos de um ano", pois como bem ressalvado pelo STF, as competências do CNJ não extinguiram a competência disciplinar dos tribunais.

A Constituição Federal permite essas duas hipóteses da mesma competência originária e terminativa do CNJ. Pela primeira, a atuação do CNJ é originária, terminativa e inicial, ou seja, será o Conselho Nacional de Justiça quem decidirá em única e última instância o processo disciplinar, seja mediante a instauração, seja mediante a avocação de processo disciplinar previamente instaurado no Tribunal de origem; enquanto pela segunda, a atuação do CNJ é originária, terminativa e revisional, ou seja, será o Conselho Nacional de Justiça quem decidirá em última instância o processo disciplinar, porém, mediante revisão de ofício ou por provocação, dos processos disciplinares de juízes e membros de tribunais julgados há menos de um ano.

O texto constitucional, portanto, fixou ampla competência disciplinar ao CNJ, permitindo-lhe dizer sempre a última palavra em matéria disciplinar, porém sempre respeitada uma das duas hipóteses de competência originária prevista expressamente na Constituição, pois a excepcionalidade da fixação de competências originárias do órgão de cúpula administrativa do Poder Judiciário, assim como ocorre secularmente em relação às competências jurisdicionais originárias do Supremo Tribunal Federal, exige previsão expressa e taxativa do texto constitucional, conforme princípio tradicional de distribuição de competências jurisdicionais nascido com o próprio constitucionalismo norte-americano em 1787, no célebre caso *Marbury v. Madison* (1 Cranch 137 – 1803).

Esse posicionamento – previsão constitucional taxativa das competências originárias da Corte Suprema – tem mais de 210 anos no Direito Constitucional norte-americano e mais de 120 anos na doutrina e jurisprudência nacionais, pois, igualmente, foi consagrado no Brasil desde nossos primeiros passos republicanos (*RTJ* 43/129, *RTJ* 44/563, *RTJ* 50/72, *RTJ* 53/776), uma vez que, o Supremo Tribunal Federal, que nasceu republicano com a Constituição de 1891 e com a função precípua de defender a Constituição em face, principalmente, do Poder Legislativo, por meio da revisão da constitucionalidade das leis, jamais admitiu que o Congresso Nacional pudesse alterar suas competências originárias por legislação ordinária, pois, como salientado por nossa Corte Suprema, seu "complexo de atribuições jurisdicionais de extração essencialmente constitucional, não comporta a possibilidade de extensão, que extravasem os rígidos limites fixados em *numerus clausus* pelo rol exaustivo inscrito no art. 102, I, da Carta Política" (STF – Petição nº 1.026-4/DF – Rel. Min. Celso de Mello, *Diário da Justiça*, Seção I, 31 maio 1995, p. 15855. No mesmo sentido: *RTJ* 43/129; *RTJ* 44/563; *RTJ* 50/72; *RTJ* 53/776).

Esse mesmo princípio foi adotado pelo Legislador Constituinte Reformador ao editar a EC 45/04 e estabelecer as competências originárias do CNJ, tornando-as excepcionais, inclusive em respeito à autonomia dos Tribunais, que, igualmente, tem substrato constitucional, conforme se verifica nos artigos 96, inciso I, e 99 da Carta Magna.

No julgamento da citada ADI 4.638, além da definição da competência originária do CNJ ter substrato normativo retirado diretamente do texto constitucional, independentemente de outras atribuições que lhe possam ser conferidas pelo Estatuto da Magistratura, também ficou assentado por maioria de votos que o texto constitucional, no inciso III, § 4º, do artigo 103-B, estabeleceu importantes preceitos em relação à competência disciplinar do Conselho Nacional de Justiça: (a) A competência disciplinar do CNJ aplica-se não somente aos Magistrados, mas também aos serviços auxiliares, serventias e órgãos prestadores de serviços notariais e de registro que atuem por delegação do poder público ou oficializados; (b) A competência disciplinar do CNJ não extingue a competência disciplinar dos respectivos Tribunais, que, porém, será passível de Revisão Disciplinar dentro do prazo decadencial de 1 (um) ano.

Patente, pois, que a competência disciplinar dos tribunais que, antes da EC 45/04, era exclusiva e terminativa, passou, a partir da criação do CNJ, a ser concorrente e não terminativa, mas não foi extinta e uma vez utilizada – com o processo e julgamento do processo disciplinar pelo Tribunal de origem – não poderá ser ignorada pelo CNJ, como se não houvesse ocorrido, mas, sim, revista se necessário e sempre respeitado o prazo decadencial de um ano.

Jamais será possível, portanto, qualquer interpretação que possibilite a criação de uma terceira competência originária do CNJ, não prevista na Constituição Federal, que permita ao CNJ ignorar o prazo revisional de um ano das decisões dos tribunais locais e reiniciar o processo disciplinar como se não houvesse ocorrido um julgamento anterior, por frontal ferimento à segurança jurídica e legalidade, além dos Princípios de autonomia e independência dos Órgãos locais do Poder Judiciário, que encontram resguardo em todos os Estados democráticos de Direito.

As duas competências originárias são taxativas, competindo ao Conselho Nacional de Justiça sempre fixar a última palavra em relação ao processo disciplinar, inclusive quando determinar que o mesmo seja instaurado, instruído e julgado pelo tribunal de origem; quando, então, permanecerá com sua competência revisional ampla, dentro do prazo decadencial de um ano contado a partir da decisão. Porém, não será permitido ao CNJ, simplesmente, ignorar os julgamentos anteriores dos tribunais locais e a qualquer tempo – mesmo passado o prazo decadencial de um ano – instaurar novo procedimento disciplinar pelos mesmos fatos.

A compatibilidade entre a autonomia dos tribunais e as competências originárias do CNJ foi alcançada pela ADI 4.638. De um lado, com grande fortalecimento desse órgão de cúpula, que sempre dirá a última palavra em termos disciplinares, seja inicialmente, seja por meio de avocação, ou ainda por meio de revisão; por outro lado, não se extinguindo a competência disciplinar dos próprios tribunais, que continuarão a atuar, apesar da possibilidade de revisão no prazo decadencial de um ano.

HIPÓTESES DE INELEGIBILIDADE DO VICE-CHEFE DO EXECUTIVO*

A prévia definição das "regras do jogo", em especial quanto às inelegibilidades, é um instrumento absolutamente essencial para a realização de eleições democráticas, de maneira a permitir que a livre escolha popular não sofra contestações jurídicas. A segurança jurídica contribui para a consolidação e aprimoramento da democracia.

Nesse sentido, a atual composição do Tribunal Superior Eleitoral confirmou precedentes da própria Corte e do Supremo Tribunal Federal, válidos para eleições pretéritas (no TSE, conferir: CTA 1.538/DF, Rel. Min. Ricardo Lewandowski; Consulta 1.604 – Rel. Min. Ari Pargendler; Resolução 20.889, Rel. Min. Fernando Neves; Consulta 749/DF – Rel. Min. Fernando Neves. No STF: 2ª Turma – RE 366.488/SP, Rel. Min. Carlos Velloso), sobre a definição da inelegibilidade do § 5º do artigo 14 da Constituição Federal em relação ao vice-chefe do Poder Executivo, mantendo a possibilidade de vice-prefeito reeleito, mesmo que tenha

---

* Publicado no ConJur – Coluna JUSTIÇA COMENTADA, de 28 de fevereiro de 2014.

substituído o prefeito em ambos os mandatos, ser candidato ao cargo de prefeito na eleição subsequente (Recurso Especial Eleitoral 82-35, Cedro/CE Rel. Min. Dias Toffoli, em 22/10/2013).

O cargo de vice-presidente é criação norte-americana dentro do regime presidencialista, tendo sido previsto constitucionalmente para ser o substituto eventual do Presidente da República ou seu sucessor, em caso de vacância definitiva. Porém, mesmo no sistema político norte-americano, em que várias vezes o vice-presidente candidata-se a presidente da República, grande parte da doutrina sempre o apontou como "os homens esquecidos na história americana" (*the forgotten men in America*), tendo Benjamin Franklin se referido ao cargo de vice-presidente como "Sua Alteza Supérflua" (*Suparflows Highness*), por não exercer nenhuma função imediata, seja de comando, seja de execução. Hamilton discordava desse posicionamento, afirmando a importância do cargo e apontando a utilidade de sua eleição conjunta, pois poderia vir a "substituir o presidente na suprema magistratura executiva". Igualmente, Franklin Roosevelt defendia essa ideia, por entender que o vice-presidente deve ser "um homem que possa ser consultado pelo Presidente em cada questão importante do partido".

O presidencialismo brasileiro adotou essa fórmula, porém, diversamente do modelo norte-americano, no Brasil, a assunção eventual ao cargo de presidente em exercício pelo vice-presidente é extremamente comum, pois ocorre em toda viagem ao exterior do titular do mandato. No sistema brasileiro, portanto, o vice-presidente assume inúmeras vezes durante o mandato de quatro anos, o que exige uma interpretação sistemática dos dispositivos constitucionais referentes às inelegibilidades, sob pena de esvaziamento total das pretensões políticas do exercente desse cargo.

O artigo 14, § 5º, da Constituição Federal estabelece a possibilidade de reeleição para aquele que houver sucedido ou substituído o chefe do Poder Executivo no curso dos mandatos, para um único período subsequente. Essa norma, porém, deve ser interpretada de forma lógica e coerente com os demais preceitos constitucionais, bem como com o próprio instituto jurídico da reeleição, sob pena de total esvaziamento do cargo de vice-chefe do Poder Executivo.

Assim, tanto sob o prisma lógico quanto sob o prisma jurídico-constitucional, sempre defendemos o posicionamento de inexistir dúvida quanto à possibilidade dos vice-presidentes, vice-governadores e vice-prefeitos candidatarem-se ao cargo de Chefe do Executivo, para o período subsequente, independentemente de terem ou não substituído ou sucedido o presidente, governador ou prefeito, no curso de seus mandatos.

Essa solução atende à lógica interpretativa constitucional, pois, sendo função constitucional precípua do vice-presidente substituir o presidente, no caso de impedimento, e suceder-lhe na vacância definitiva (CF, artigo 79) – o que se aplica também ao vice-governador e ao vice-prefeito –, não haveria lógica no sistema eleitoral, disciplinado pela Carta Magna, em acarretar punição ao vice-presidente, vice-governador ou vice-prefeito pelo exercício de sua missão constitucional, impedindo-o de disputar, no mandato subsequente, a chefia do Executivo. Tal consequência tornaria a figura do vice-chefe do Executivo meramente decorativa e substitutiva, sem qualquer aspiração política de continuidade do programa da chapa eleita para os próximos mandatos.

Dessa forma, por exemplo, o vice-presidente que, no exercício de sua missão constitucional, substituir o presidente da República, independentemente do momento de seu mandato, poderá candidatar-se à Chefia do Poder Executivo normalmente, inclusive podendo, posteriormente se eleito for, disputar sua própria reeleição à chefia do Executivo.

Diversa, porém, será a hipótese do vice-presidente, vice-governadores e vice-prefeitos que assumirem efetivamente o cargo de titular do Poder Executivo, em face de sua vacância definitiva. Nesse caso, para fins de reeleição, deverão ser considerados como exercentes – *de forma efetiva e definitiva* – do cargo de presidente, governador ou prefeito, podendo somente candidatar-se a um único período subsequente.

A interpretação da norma constitucional leva-nos à seguinte conclusão: *veda-se o exercício efetivo e definitivo do cargo de Chefe do Poder Executivo por mais de dois mandatos sucessivos*.

Portanto, se o vice-chefe do Poder Executivo somente substituiu o titular, não houve *exercício efetivo e definitivo do cargo* para fins de reeleição, podendo ser candidato à chefia do Executivo e, se eventualmente eleito, poderá disputar sua própria reeleição. Se, porém, o vice-chefe do Poder Executivo, em face da vacância definitiva do titular, assumiu o cargo de forma *efetiva e definitiva*, para fins de reeleição, esse mandato deve ser computado como o primeiro, permitindo-se somente que dispute um único período subsequente, independentemente do tempo em que exerceu de forma definitiva o primeiro mandato. Não poderá, em consequência, se for eleito para o mandato subsequente, disputar sua própria reeleição, pois, se eventualmente fosse vitorioso, estaria a exercer seu terceiro mandato *efetivo* e *definitivo* como chefe do Poder Executivo.

EXTRADIÇÃO OU CUMPRIMENTO DA PENA DE PIZZOLATO NA ITÁLIA*

A extradição do ex-diretor do Banco do Brasil Henrique Pizzolato seria o ato do Estado italiano de entregá-lo, em face da condenação pelo Supremo Tribunal Federal na Ação Penal 470 – pena privativa de liberdade de 12 anos e sete meses de prisão –, à justiça brasileira, que é competente para aplicação da sanção em nosso território. O pedido obrigatoriamente deve ser do governo brasileiro (jamais do Ministério Público ou do STF), devendo a Itália analisar os requisitos previstos em sua Constituição e legislação, que não proíbem a extradição de seus nacionais (natos ou naturalizados), apresentando maior flexibilidade do que o texto constitucional brasileiro, que nunca permitiria a extradição de brasileiros natos e de maneira excepcional, em duas hipóteses, permitiria a de brasileiros naturalizados.

Em seu artigo 26, a Constituição italiana afirma que a extradição do cidadão italiano será permitida quando expressamente prevista pelas convenções internacionais, o

---

* Publicado no ConJur – Coluna JUSTIÇA COMENTADA, de 14 de março de 2014.

que vem permitindo extradições para os Estados Unidos em crimes transnacionais (máfia), com fundamento em duas Convenções das Nações Unidas: contra o crime organizado transnacional (Convenção de Palermo) e contra a corrupção, ambas incorporadas ao ordenamento jurídico brasileiro e promulgadas pelos Decretos 5.015, de 12 de março de 2004, e 5.687, de 31 de janeiro de 2006.

A dupla nacionalidade do fugitivo Henrique Pizzolato não é empecilho ao pedido e à concessão de sua extradição pelos crimes pelos quais foi condenação na AP 470, mas não significa que será certamente concedida pela Itália, pois um dos requisitos essenciais para sua concessão é a existência de reciprocidade entre os países. Ou seja, nos mesmos crimes, hipóteses e condições, o Brasil precisaria se comprometer a analisar eventual pedido italiano. Esse requisito é formalizado por meio de tratado de reciprocidade ou por promessa de reciprocidade restrita do país requerente, no próprio pedido.

Entre Brasil e Itália, há tratado de reciprocidade que, todavia, não abrange a possibilidade de extradição de nacional, o que somente seria superado caso houvesse promessa de reciprocidade restrita do Governo brasileiro em relação aos pedidos de extradições italianos nas mesmas hipóteses, ou seja, o Brasil precisaria comprometer-se a analisar extradições de brasileiros natos e naturalizados, desde que realizados pela Itália.

Essa promessa, entretanto, seria nula, pois a Constituição Federal não admite extradição do brasileiro nato e só autoriza a do naturalizado, em duas hipóteses (artigo 5º, inciso LI – "crime comum, praticado antes da naturalização, ou de comprovado envolvimento em tráfico ilícito de entorpecentes e drogas afins, na forma da lei") e o STF já decidiu pela inviabilidade de concessão de extradição, por impossibilidade de cumprimento da promessa de reciprocidade que contrarie frontalmente a Constituição do país que a requer (Brasil/Alemanha, Extradições 1002, 1003 e 1010).

Apesar desse empecilho, é possível solucionar o problema, sem que prevaleça a impunidade, devendo ser elaborado um duplo pedido à Itália. No primeiro, seria requerida a extradição com base no artigo 26 da Constituição italiana e nas Convenções, porém, sem a promessa de reciprocidade restrita, que seria inválida pela Constituição brasileira. A decisão de não exigir a reciprocidade restrita ficaria a cargo da Itália e respeitaríamos nosso texto constitucional. O segundo, subsidiário, seria feito com base no artigo 16, item 12, da Convenção de Palermo e no artigo 44, inciso 13, da Convenção contra a Corrupção, que estabelecem que se a extradição, pedida para efeitos de execução de uma pena, for recusada porque a pessoa deste pedido é um cidadão do Estado requerido, a justiça italiana executaria a pena aplicada pelo Supremo Tribunal Federal no próprio território italiano e sob suas leis de execução.

A concessão da extradição ou o imediato cumprimento da pena privativa de liberdade aplicada pelo STF na Itália evitariam a impunidade, desencorajando futuras fugas.

PRERROGATIVA DE FORO E DESMEMBRAMENTO DE AÇÕES*

Em recente decisão, a atual composição plenária do Supremo Tribunal Federal fixou como regra geral o desmembramento de inquéritos ou de ações penais de competência originária em relação aos agentes não detentores de foro por prerrogativa de função, possibilitando, entretanto, exceções nos casos em que a relevância e a relação dos fatos indiquem a necessidade de julgamento único, sob pena de prejuízo à prestação jurisdicional (Inq. 3515 AgR/SP, Rel. Min. Marco Aurélio, 13/2/2014).

Entendo ser essa a correta interpretação dos dispositivos constitucionais, uma vez que a definição de competências penais originárias do Supremo Tribunal Federal é prevista nas alíneas "b" e "c" do inciso I do artigo 102 da Constituição Federal e, seguindo tradição em nosso Direito Constitucional, é taxativa e não pode ser alterada por disposições legais (*RTJ* 43/129, *RTJ* 44/563, *RTJ* 50/72, *RTJ* 53/776), pois, como salientado por nossa corte supre-

---
* Publicado no ConJur – Coluna JUSTIÇA COMENTADA, de 21 de março de 2014.

ma, seu "complexo de atribuições jurisdicionais de extração essencialmente constitucional, não comporta a possibilidade de extensão, que extravasem os rígidos limites fixados em *numerus clausus* pelo rol exaustivo inscrito no artigo 102, I, da Carta Política" (STF – Petição 1.026- 4/ DF – Rel. Min. Celso de Mello, *Diário da Justiça*, Seção I, 31 maio 1995, p. 15855).

Tendo o STF já pacificado a impossibilidade de ampliação do rol expresso e taxativo de suas competências constitucionais originárias por legislação ordinária, não guardaria lógica e razoabilidade a possibilidade de se permitir essa ampliação por aplicação interpretativa de lei ordinária já existente, com a aplicação da Súmula 704 ("não viola as garantias do juiz natural, da ampla defesa e do devido processo legal a atração por continência ou conexão do processo do co-réu ao for por prerrogativa de função de um dos denunciados").

A Súmula 704 não se refere às competências penais originárias do STF, como ostensivamente perceptível ao analisarmos os precedentes desse enunciado, não tendo, portanto, aplicabilidade em relação ao artigo 102, I, alíneas "a" e "b", da Constituição Federal, sob pena de frontal paradoxo: "não é possível a ampliação da competência penal taxativa do STF pela edição de legislação ordinária, mas é possível por aplicação de lei ordinária já existente".

A exegese lógica e razoável impõe que haja total impossibilidade de aplicação das regras legais de conexão e continência previstas no Código de Processo Penal à previsão de foro privilegiado no STF, uma vez que estaríamos de forma inconstitucional ampliando as competências originárias da Corte e afastando, do julgamento daqueles que não possuem prerrogativa de foro, o princípio do Juiz Natural e do Devido Processo Legal, em especial, a tutela judicial efetiva, que engloba o direito de recorrer.

A tutela judicial efetiva supõe o estrito cumprimento pelos órgãos judiciários dos princípios processuais previstos no ordenamento jurídico, em especial o Devido Processo Legal, o Contraditório e a Ampla Defesa, incluído o direito a uma dupla instância em relação aos recursos existentes (direito de recorrer), pois não se trata de mero conjunto de trâmites burocráticos, mas um rígido sistema de garantias para as partes visando ao asseguramento de justa e imparcial decisão final (STF, 2ª T., Agravo em embargos de declaração em Ag. Instr. 181.142-1/SP – Rel. Min. Carlos Velloso, *Diário da Justiça*, Seção I, 27 mar. 1998, p. 5).

O direito fundamental à tutela judicial efetiva compreende também sua eficácia em relação aos recursos existentes no ordenamento jurídico, pois, como salientado pelo Tribunal Constitucional Espanhol, "o direito a uma dupla instância supõe o direito de ser ouvido e poder defender-se em ambas, e ver-se privado de fazê-lo em uma, acarreta privação de uma possibilidade legalmente oferecida que é precisamente o poder de defender-se perante Tribunais distintos" (S. 195/90, de 29 de novembro, FJ 5. No mesmo sentido: S. 176/90, de 12 de novembro, FJ 2, FJ 3 do STC 50/90, de 26 de março, S. 111/92, de 14 de setembro, FJ 4 e S. 20/91, de 31 de janeiro, FJ 3. MORI, Tomás Gui. *Jurisprudência Constitucional íntegra*. 1981-2001. Barcelona: Bosch, 2004. p. 512. v. 1.).

As garantias do juiz competente e imparcial e do direito de recurso à instância superior, quando previsto pelo ordenamento jurídico, estão consagradas em nosso ordenamento jurídico, não só pela previsão expressado princípio do Juiz Natural e do Devido Processo Legal, Contraditório e Ampla Defesa no texto constitucional, mas também pelo artigo 8, item 2, alínea "h" da Convenção Americana de Direitos Humanos – Pacto de San José da Costa Rica, devidamente incorporada em 1992 com *status* supralegal (STF, Pleno, RE 349703/RS, Rel. Min. Carlos Britto, decisão: 3 dezembro 2008), e, portanto, superior a qualquer norma de conexão e continência prevista pela legislação processual penal.

Assim sendo, a regra prevista pela Constituição brasileira e reforçada pelo Pacto de San José da Costa Rica é a ampla possibilidade de utilização de todos os recursos existentes na legislação (direito de recorrer) para garantir a tutela jurisdicional efetiva; enquanto a exceção ocorrerá nas hipóteses taxativamente previstas de competência constitucional originária do Supremo Tribunal Federal ("foro privilegiado"), prevista no artigo 102, inciso I, alíneas "b" e "c", aplicáveis somente às autoridades enumeradas taxativamente em seu texto.

Não será possível, sob pena de grave ferimento à Constituição Federal e à Declaração Americana de Direitos Humanos, aplicar norma legislativa ordinária (CPP – conexão ou continência) às hipóteses de "foro privilegiado", de maneira a subtrair réus, cuja competência penal originária não seja do Supremo Tribunal Federal, de seu Juízo Natural, sob pena de – além das inconstitucionalidades já citadas – efetivar-se grave restrição protetiva aos direitos humanos, referente ao devido processo legal, e em especial ao direito de recorrer.

No âmbito de proteção aos Direitos Humanos, o princípio hermenêutico básico é a aplicação da norma mais favorável à pessoa humana, como já consagrado pelo Supremo Tribunal Federal, tendo salientado seu decano, ministro Celso de Mello, que "os magistrados e Tribunais, no exercício de sua atividade interpretativa, especialmente no âmbito dos tratados internacionais de direitos humanos, devem observar um princípio hermenêutico básico (tal como aquele proclamado no artigo 29 da Convenção Americana de Direitos Humanos), consistente em atribuir primazia à norma que se revele mais favorável à pessoa humana, em ordem a dispensar-lhe a mais ampla proteção jurídica" (STF – 2ª T. – HC 96772/SP – Rel. Min. Celso de Mello, *DJe* 157, 21/8/2009).

Dessa maneira, na hipótese de coautoria em infrações penais de competência originária do Supremo Tribunal Federal, deverá ocorrer o desmembramento em relação àqueles corréus que não possuam "foro privilegiado", aplicando-se o princípio hermenêutico básico na proteção dos Direitos Humanos, qual seja a aplicação da norma mais favorável à pessoa humana, com ampla incidência das garantias do Juiz Natural e do Devido Processo Legal.

O DEVIDO PROCESSO LEGAL E A VEDAÇÃO ÀS PROVAS ILÍCITAS*

A garantia fundamental ao devido processo legal, diferentemente do que ocorria nos textos constitucionais anteriores, foi incorporada ao texto da Constituição de 1988 e proclamada em seu inciso LV do artigo 5º, em face de sua indispensabilidade à proteção dos direitos fundamentais, pois configura dupla proteção ao indivíduo, atuando tanto no âmbito material de proteção aos direitos civis e políticos, quanto no âmbito formal, ao assegurar-lhe paridade total de condições com o Estado persecutor e plenitude de defesa, visando salvaguardar suas liberdades públicas e impedir o arbítrio do Estado.

O devido processo legal garante no âmbito do processo sancionatório – seja penal, administrativo ou eleitoral – a vinculação estatal a "padrões normativos, que, consagrados pela Constituição e pelas leis, traduzem limitações significativas ao poder do Estado". Esses padrões são consagradores de verdadeiro "círculo de proteção em torno da

---

* Publicado no ConJur – Coluna JUSTIÇA COMENTADA, de 11 de abril de 2014.

pessoa do réu – que jamais se presume culpado –, até que sobrevenha irrecorrível sentença que, condicionada por parâmetros ético-jurídicos, impõe ao órgão acusador o ônus integral da prova, ao mesmo tempo em que faculta ao acusado que jamais necessita demonstrar a sua inocência o direito de defender-se e de questionar, criticamente, sob a égide do contraditório, todos os elementos probatórios produzidos", como "fórmula de salvaguarda da liberdade individual" (HC 73.338/RJ).

A integral exigência de nossa Corte Suprema aos "padrões normativos" e "parâmetros ético-jurídicos" na colheita de "elementos probatórios" é igualmente observado pelo Tribunal Constitucional Federal alemão, ao se referir ao devido processo legal como fundamental para "evitar abusos estatais" e construir "a confiança do povo numa administração imparcial da Justiça" (Decisão – Beschluss – do Primeiro Senado de 8 de janeiro de 1959 – 1 BvR 396/53).

Não são por outros motivos que, como corolário ao devido processo legal, nos termos da Constituição da República Federativa do Brasil, são inadmissíveis no processo as provas ilícitas, definidas como aquelas obtidas com infringência ao direito material, entendendo-as como sendo aquelas colhidas em desrespeito aos direitos fundamentais e inviolabilidades públicas (por exemplo, por meio de tortura psíquica, desrespeito à intimidade e vida privada, desrespeito à inviolabilidade domiciliar, quebra dos sigilos fiscal, bancário e telefônico sem ordem judicial devidamente fundamentada), configurando-se importante garantia em relação à ação persecutória do Estado.

A inadmissibilidade da utilização das provas ilícitas não tem o condão de gerar a nulidade de todo o processo, pois a previsão constitucional não afirma serem nulos os processos em que haja prova obtida por meios ilícitos (HC 69.912/RS, HC 74.152/SP, RHC 74.807-4/MT, HC 75.8926/RJ, HC 76.231/RJ). Entretanto, a consequência da ilicitude da prova é sua imediata nulidade e imprestabilidade como meio de prova, além da contaminação de todas as provas que dela derivarem.

O posicionamento atual do Supremo Tribunal Federal é absolutamente pacífico no sentido da adoção da doutrina do *fruits of the poisonous tree* (fruto da árvore envenenada), ou seja, pela opção da prevalência da comunicabilidade da ilicitude das provas (Rextr. 251.445-4/GO).

Nossa Suprema Corte consolidou esse importante entendimento sobre a derivação da ilicitude da prova e contaminação de todas as demais provas dela diretamente decorrentes (HC 73.461-SP, HC 73.510-0/SP, HC 84.417/RJ, HC 90.298/RS), afirmando que "qualquer novo dado probatório, ainda que produzido, de modo válido, em momento subsequente, não pode apoiar-se, não pode ter fundamento causal nem derivar de prova comprometida pela mácula da ilicitude originária", pois "a exclusão da prova originariamente ilícita – ou daquela afetada pelo vício da ilicitude por derivação – representa um dos meios mais expressivos destinados a conferir efetividade à garantia do "due process of law" e a tornar mais intensa, pelo banimento da prova ilicitamente obtida, a tutela constitucional que preserva os direitos e prerrogativas que assistem a qualquer acusado em sede processual penal" (HC 93.050/RJ), mantendo-se, porém, válidos "os demais elementos do acervo probatório, que são autônomos" (HC 89.032/SP).

As provas ilícitas e as ilícitas por derivação, da mesma forma que não podem ser utilizadas no procedimento de origem, também não podem ser reapresentadas de maneira reflexa, indireta ou aproveitadas como provas emprestadas em quaisquer outros processos penais, civil, administrativos ou eleitorais, pois estão contaminadas com o vício insanável do desrespeito aos Direitos Fundamentais (HC 82.862/SP).

A consagração do Estado de Direito exige fiel observância ao princípio do Devido Processo Legal, e, consequentemente, as provas ilícitas, bem como todas aquelas delas derivadas, são constitucionalmente inadmissíveis, mesmo quando reconduzidas aos autos de forma indireta, ou ainda utilizadas como provas emprestadas, devendo, pois, serem desentranhadas do processo, pois são imprestáveis para a formação do convencimento do magistrado e atentatórias a plena eficácia dos direitos fundamentais.

FIRMEZA NÃO DEVE SER CONFUNDIDA COM RESTRIÇÃO DESNECESSÁRIA*

O grande publicita do Império, Pimenta Bueno, ao comentar a previsão das penas pela Constituição do Império, afirmou que "o homem por ser delinquente não deixa de pertencer à humanidade; é de mister que seja punido, mas por modo consentâneo, com a razão, próprio de leis e do governo de uma sociedade civilizada".

A decisão, na época, do presidente do Supremo Tribunal Federal, ministro Joaquim Barbosa, em sede da AP 470 (Mensalão), que negou pedidos de trabalho externo alegando a ausência de requisito temporal (cumprimento de 1/6 da pena) e impedimento legal (realização de trabalho externo em atividade privada), causou grande repercussão e gerou discussão nos meios jurídicos sobre os princípios e preceitos básicos a serem aplicados em sede de interpretação das normas sobre execução penal.

A Constituição Federal, ao proclamar o respeito à integridade física e moral dos presos, em que pese a natureza

---

* Publicado no ConJur – Coluna JUSTIÇA COMENTADA, de 16 de maio de 2014.

das relações jurídicas estabelecidas entre a Administração Penitenciária e os sentenciados a penas privativas de liberdade, consagra a conservação por parte dos presos de todos os direitos fundamentais reconhecidos à pessoa livre, com exceção, obviamente, dos incompatíveis com a condição peculiar de preso.

Desde a Constituição Política do Império do Brasil, jurada a 25 de março de 1824, até a presente Constituição de 5 de outubro de 1988, a aplicação de sanção por parte do Estado não configura, modernamente, uma vingança social, mas tem como finalidades a retribuição e a prevenção do crime, buscando, além disso, a ressocialização do sentenciado, tendo sido previsto, inclusive, no artigo 179, inciso XXI, da Constituição Imperial, a obrigatoriedade das cadeias serem seguras, limpas e bem arejadas, havendo inclusive diferentes estabelecimentos para separação dos sentenciados, conforme suas circunstâncias e a natureza de seus crimes; assim como, também, prevê a nossa atual lei de execuções penais (LEP) que a pena em regime semiaberto deverá ser cumprida em Colônia Agrícola, Industrial ou Similar.

Lamentavelmente, até o momento, o Brasil não conseguiu cumprir nem a previsão da Carta do Império, tampouco a determinação da atual Constituição Cidadã.

Após mais de 150 anos das sábias ponderações de Pimenta Bueno, as regras internacionalmente adotadas pelos países democráticos passaram a estabelecer preceitos mínimos para o tratamento de reclusos, tanto por meio da publicação do Centro de Direitos do Homem das Nações Unidas (GE 94-15440) quanto pelo Pacto Internacional dos Direitos Civis e Políticos (1966) e pelo Pacto de San José da

Costa Rica; sempre levando em conta a grande variedade das condições legais, sociais, econômicas e geográficas do mundo, porém estabelecendo os princípios básicos de uma boa organização penitenciária e as práticas relativas ao tratamento de reclusos.

Entre esses importantes princípios básicos, foram consagrados o "Princípio da Igualdade" e a "busca pela ressocialização", afirmando-se que as regras na execução penal devem ser aplicadas imparcialmente (GE 94-15440), bem como que a busca do regime penitenciário consistirá em um tratamento cujo objetivo principal seja a reforma e reabilitação moral dos prisioneiros (Pacto de 1966), uma vez que as finalidades essenciais das penas privativas de liberdade são a reforma e a readaptação social dos condenados (Pacto de San José da Costa Rica).

Todas essas finalidades, porém, devem ser perseguidas dentre de um sistema de disciplina e sanções, pois, como afirmado nos instrumentos normativos internacionais, a ordem e a disciplina devem ser mantidas com firmeza, porém, sem impor mais restrições do que as necessárias para a manutenção da segurança e da boa organização da vida comunitária.

A Constituição Federal de 1988, igualmente, se posicionou no sentido de fiel cumprimento às sanções estabelecidas, porém com colaboração à tentativa de recuperação do condenado, fazendo com que a execução da pena seja, na medida do possível, individualizada, de forma a ressocializá-lo.

Os condenados a pena privativa de liberdade, depois da observância do devido processo legal, devem absoluto respeito ao sistema disciplinar penitenciário, sem regalias ou privilégios em virtude de suas situações econômicas, sociais ou políticas. Porém, essas mesmas situações, em hipótese alguma, poderão prejudicar-lhes na concessão de determinado benefício legal consentâneo com o Princípio da Igualdade e a busca pela ressocialização e readaptação social.

Em outras palavras, seja em matéria disciplinar, seja na concessão de benefícios: "A César o que é de César"! A firmeza disciplinar não pode ser confundida com imposição de restrições desnecessárias.

O Princípio da Igualdade na execução da pena e a busca da ressocialização, portanto, devem ser observados como vetores de interpretação pelo Poder Judiciário, no momento de análise, tanto na aplicação das sanções disciplinares quanto na concessão dos benefícios legais, pois a precedência hermenêutica da norma mais favorável à dignidade da pessoa humana é imprescindível, como consagrado pelo Supremo Tribunal Federal, em decisão de lavra do ministro Celso de Mello, onde foi apontado que "os magistrados e Tribunais, no exercício de sua atividade interpretativa, especialmente no âmbito dos tratados internacionais de direitos humanos, devem observar um princípio hermenêutico básico (tal como aquele proclamado no Artigo 29 da Convenção Americana de Direitos Humanos), consistente em atribuir primazia à norma que se revele mais favorável à pessoa humana, em ordem a dispensar lhe a mais ampla proteção jurídica" (HC 96.772/SP).

Interpretando finalisticamente as normas de execução penal – sempre em busca dos princípios da Igualdade e ressocialização do preso –, nossa Corte Suprema afirmou, em acórdão de lavra do ministro Marco Aurélio, que "tanto quanto possível, incumbe ao Estado adotar medidas preparatórias ao retorno do condenado ao convívio social. Os valores humanos fulminam os enfoques segregacionistas", garantindo o direito do preso à assistência familiar, ao concretizar transferência para o "local em que possua raízes, visando a indispensável assistência pelos familiares" (HC 71.179/PR). Da mesma forma, o STF, a fim de deflagrar o "processo de ressocialização", em decisão relatada pela ministra Ellen Gracie, mitigou a "distância e a dificuldade do contato do preso com a família" (HC 100.087/SP). O "respeito aos valores humanos" com a adoção de "medidas preparatórias ao retorno do condenado ao convívio social", a fim de deflagração do "processo de ressocialização" daqueles que cumprem pena privativa de liberdade, sem "enfoques segregacionistas" e em absoluto respeito ao "princípio da igualdade" devem pautar a interpretação do Poder Judiciário em relação aos requisitos e à concessão dos benefícios previstos na lei de execuções penais, inclusive no tocante à análise de concessão do "trabalho externo", de maneira a conceder primazia à interpretação da norma que se revele mais favorável à pessoa humana.

Na hipótese em questão, a interpretação condizente com a Constituição Federal e as normas internacionais em relação ao "requisito temporal" e a "pertinência da natureza do trabalho oferecido – público ou privado" seria pela concessão do benefício, sem prejuízo de rigorosa fiscalização por parte do Estado.

Repita-se: A César o que é de César!

NECESSIDADE DE AVANÇO INSTITUCIONAL PARA FORTALECIMENTO DO ESTADO FEDERAL*

O principal pilar de sustentação do Estado federal é o exercício autônomo, pelos entes federativos, das competências legislativas e administrativas constitucionalmente distribuídas. Para atingir essa finalidade, é imprescindível a recuperação do exercício de competências legislativas pelos estados em matérias importantes e adequadas às peculiaridades locais, afastando nosso federalismo de seu tradicional centralismo.

Se, teoricamente, a Constituição republicana de 1988 adotou a clássica repartição de competências federativas, prevendo um rol taxativo de competências legislativas para a União e, dessa forma, mantendo os poderes remanescentes dos estados na prática, não se verifica tal equilíbrio, exatamente, pelas matérias descritas no artigo 22 do texto constitucional e pela interpretação política e jurídica que, tradicionalmente, se dá ao seu artigo 24. Ao verificarmos as matérias do rol de 69 incisos e um parágrafo do artigo

---

* Publicado no ConJur – Coluna JUSTIÇA COMENTADA, de 13 de junho de 2014.

22 da Constituição de 1988, é facilmente perceptível o desequilíbrio federativo no tocante à competência legislativa entre União e estados, uma vez que há a previsão de quase a totalidade das matérias de maior importância para a União.

Além disso, a tradicional interpretação política e jurídica que vem sendo dada ao artigo 24 do texto constitucional, no sentido de que nas diversas matérias de competência concorrente entre União e estados, a União pode discipliná-las quase que integralmente, acarreta como resultado uma diminuta competência legislativa dos estados, gerando a excessiva centralização nos poderes legislativos na União, o que caracteriza um grave desequilíbrio federativo.

A consagração do reequilíbrio na distribuição das competências federativas é essencial para o maior desenvolvimento democrático e econômico do país, podendo ser realizado em cinco campos complementares: (1) alterações constitucionais; (2) real exercício das competências delegadas (parágrafo único do artigo 22 da CF); (3) efetivo exercício das competências concorrentes (artigo 24 da CF) entre União e estados-membros; (4) maior atuação perante o Supremo Tribunal Federal no sentido de evolução jurisprudencial que valorize os poderes remanescentes dos estados-membros e reequilibre os entes federativos; e (5) adoção do princípio da subsidiariedade, em prática na União Europeia.

No tocante às alterações constitucionais, há a possibilidade, dentro de um grande acordo político que preserve a autonomia dos entes federativos, da edição de emenda constitucional com a migração de algumas competências definidas atualmente como privativas da União para o rol de competências remanescentes dos estados e outras para as competências concorrentes entre União e estados, para que, nesses assuntos, as peculiaridades regionais sejam consideradas.

Além disso, sem qualquer necessidade de alteração constitucional, o exercício das competências delegadas poderia encontrar um ponto de equilíbrio federativo entre União e estados, pois o artigo 22, parágrafo único, do texto constitucional prevê que lei complementar poderá autorizar os estados a legislar sobre questões específicas das matérias relacionadas neste artigo, desde que não gere discriminação entre os estados. Esse instrumento seria importantíssimo para que cada estado, atento às suas peculiaridades, pudesse disciplinar pontos específicos das diversas matérias, como, por exemplo, relações comerciais, ou ainda do Direito agrário – cuja realidade é diferente no estado do Amazonas e em São Paulo –, no Direito trabalhista, igualmente de realidades diversas; e mesmo no tocante ao Direito Processual Civil e Penal.

No âmbito da legislação concorrente, a CF estabeleceu a chamada repartição vertical, pois, dentro de um mesmo campo material, reserva-se um nível superior ao ente federativo União, que deve somente fixar os princípios e normas gerais, deixando-se ao estado a complementação, com a edição de regras complementares e específicas. Ocorre, entretanto, que os estados são extremamente tímidos na edição da legislação complementar, aceitando sem qualquer contestação a legislação federal que, em matéria concorrente, acaba por disciplinar tanto os princípios e regras gerais quanto as normas específicas.

Medida de reflexos imediatos consistiria em atuação perante o STF no sentido de evolução jurisprudencial que valorizasse a competência concorrente dos estados e, em pouco tempo, seria possível garantir um maior equilíbrio entre os entes federativos.

Por fim, o texto constitucional oferece mecanismos para que passe a ser adotado no Brasil, com as devidas adaptações, o Princípio da Subsidiariedade, já em prática na União Europeia. O Conselho Europeu de Birmingham, em dezembro de 1992, reafirmou que as decisões da União Europeia deveriam ser tomadas o mais próximo possível do cidadão, sempre com a finalidade de prestigiar as comunidades regionais, de maneira que suas propostas legislativas analisem se os objetivos da ação proposta podem ser suficientemente realizados pelos Estados, bem como quais serão seus reflexos e efeitos regionais. A ideia aplicada à federação brasileira seria prestigiar a atuação preponderante do ente federativo em sua esfera de competências na proporção de sua maior capacidade para solucionar a matéria de interesse do cidadão que reside em seu território, levando em conta as peculiaridades locais.

A maior autonomia estadual para legislar, em importantes matérias, significará um maior controle social e político sobre o centralismo, garantindo maior respeito às autonomias locais, de maneira a preservar suas peculiaridades e auxiliar na diminuição das desigualdades regionais.

CONSTITUIÇÃO PROTEGE INVIOLABILIDADE DE CELULARES E COMPUTADORES*

A proteção aos direitos fundamentais não pode ser utilizada como instrumento para a prática de atividades ilícitas, ou seja, como um verdadeiro escudo protetivo para a criminalidade, mas, igualmente, não pode ser enfraquecida com a genérica alegação de necessidade de garantia da segurança pública, sob pena de eficácia zero da Constituição Federal, com a transformação de seu texto em letra morta.

A interpretação para solucionar essa conflituosa relação deve se utilizar do Princípio da Concordância Prática ou da Harmonização, de forma a coordenar e combinar os bens jurídicos em conflito, evitando o sacrifício total de uns em relação aos outros, realizando uma redução proporcional do âmbito de alcance de cada qual (contradição dos princípios), sempre em busca do verdadeiro significado da norma e da harmonia do texto constitucional com suas finalidades precípuas.

---

* Publicado no ConJur – Coluna JUSTIÇA COMENTADA, de 27 de junho de 2014.

No dia 25 de junho de 2014, a Suprema Corte dos Estados Unidos solucionou, na prática, em relação a dados existentes em celulares, essa importante discussão teórica, pois, em decisão unânime, entendeu que a Polícia e os órgãos de segurança nacional devem obter mandados judiciais para a realização de buscas em telefones celulares de pessoas presas, independentemente do motivo.

O *Chief Justice*, John Robert, relator do voto em nome da corte, afirmou que não é possível sacrificar os direitos individuais dos cidadãos em nome da garantia genérica de segurança pública, relembrando que um dos grandes motivos da Independência Americana foi a revolta popular contra a existência de mandados genéricos de busca e apreensão, que permitiam às forças inglesas o ingresso em residências em busca desenfreada de quaisquer provas para comprovação de qualquer ilícito.

Especificamente, em relação à telefonia celular, o Presidente da Suprema Corte americana relatou que aproximadamente 90% dos norte-americanos possuem aparelhos e que 75% dos usuários de *smartphones* declararam que deles não se separam, pois, em média, possuem 33 aplicativos em seu dispositivo, de maneira que "cada usuário cria uma grande fonte de informações sobre a própria vida, desde assuntos médicos, lugares onde vai, pessoas com as quais contata por voz ou por texto e intimidades", concluindo que "o fato de que a tecnologia permite a uma pessoa carregar tantas informações em suas mãos, não torna os dados no celular menos dignos de proteção do que os fatos pelos quais os Fundadores da Nação lutaram".

Essa importante discussão tem lugar no ordenamento jurídico brasileiro, em especial na proteção constitucional à inviolabilidade à honra, intimidade e vida privada (CF, artigo 5º, inciso X) e nas inviolabilidades às correspondências, comunicações telegráficas, de dados e telefônicas (CF, artigo 5º, inciso XI), bem como nos dispositivos da Lei 9.296/96, que introduziu a proteção aos dados telemáticos, hoje tão comuns nos celulares e *smartphones*, e seus diversos aplicativos, inclusive o armazenamento de dados de mensagens eletrônicas, como bem observado pela Suprema Corte americana.

A Constituição Federal determina ser inviolável o sigilo da correspondência e das comunicações telegráficas, de dados e das comunicações telefônicas. No caso, porém, da inviolabilidade das interceptações telefônicas, a própria Constituição Federal, no inciso XII, do artigo 5º, abriu uma exceção expressa, exigindo para sua aplicação a presença de três requisitos: ordem judicial, finalidade de investigação criminal ou instrução processual penal e hipóteses e forma estabelecidas na lei.

A ausência da edição da necessária lei estabelecendo as hipóteses e formas permissivas para as interceptações telefônicas fez com que o STF reiteradas vezes julgasse a utilização desse meio de prova como ilícito, tornando-o, bem como todas as provas dela derivadas, inadmissíveis no processo. O Congresso Nacional para resolver essa questão editou a Lei 9.296, de 24 de julho de 1996, aproveitando para regulamentar a possibilidade de interceptação do fluxo de comunicações em sistemas de informática e telemática, mediante os requisitos previstos nessa mesma lei, ou seja, mediante os mesmos requisitos exigidos para a intercepção telefônica.

Note-se, portanto, que o legislador condicionou a quebra do sigilo de dados telemáticos, hoje comumente presentes em computadores e nos telefones celulares e *smartphones*, com seus diversos aplicativos, aos mesmos requisitos constitucionalmente exigidos para o afastamento do sigilo telefônico, sob pena da imprestabilidade da prova obtida em face de sua ilicitude.

Em virtude dessa equiparação protetiva, passou-se, então, à discussão da possibilidade da referida lei regulamentar a interceptação do fluxo de comunicações em sistemas de informática e telemática, uma vez que sua ementa diz: "Regulamenta o Inciso XII, Parte Final, do artigo 5º da Constituição Federal", e os requisitos constitucionais mais rígidos foram expressa e diretamente direcionados para as interceptações telefônicas. Alguns doutrinadores entenderam possível essa ampliação, como, por exemplo, Luiz Flávio Gomes e Raúl Cervini, na obra *Interceptação telefônica*, e Lenio Streck em *As interceptações telefônicas e os direitos fundamentais*, enquanto Vicente Greco Filho, em sua obra *Interceptação telefônica*, entendeu ser inconstitucional essa extensão. O Supremo Tribunal Federal posicionou-se pela validade da norma (STF, ADI 1.488-9/DF).

Note-se que a simples existência de lei não se afigura suficiente para legitimar a intervenção no âmbito dos direitos e liberdades individuais, pois é absolutamente necessário que as restrições impostas sejam proporcionais, isto é, que sejam adequadas e justificadas pelo interesse público e atendam Justiça Comentada: Amplitude e limitações da competência disciplinar do CNJ ao critério da razoabilidade, de maneira a observar também a legitimidade dos objetivos perseguidos pelo legislador e a necessidade de sua utilização, para que sempre haja verdadeira ponderação entre a restrição a ser imposta aos indivíduos e os objetivos pretendidos pelo Estado.

Na presente hipótese, desde a edição da lei, sempre nos posicionamos pela plena validade da extensão legal, uma vez que garantiu maior proteção às comunicações telemáticas, e, consequentemente, maior respeito à intimidade e vida privada, direitos fundamentais amplamente tutelados, não somente por nosso ordenamento jurídico, mas também pela Convenção Europeia de Direitos Humanos, que em seu artigo 8.1 tutela a vida privada do indivíduo, assegurando que "toda pessoa tem direito ao respeito de sua vida familiar, do seu domicílio e da sua correspondência", interpretado o termo "correspondência", a partir do caso *Klass vs. Alemanha*, em sentença de 6 de agosto de 1978 da Corte Europeia de Direitos Humanos, de maneira extensiva a todas as formas de comunicação privada – inclusive as correspondências eletrônicas – e não somente a correspondência epistolar, objeto principal do referido dispositivo legal da Convenção, editada em 1950, quando ainda não existiam as comunicações telemáticas.

E assim nos posicionamos, em primeiro lugar, porque a interpretação do texto da Constituição Federal exige que a uma norma constitucional seja atribuído o sentido que maior eficácia lhe conceda, sendo vedada a interpretação que lhe suprima ou diminua a finalidade, na hipótese, a proteção das inviolabilidades públicas, sem que com isso fosse possível sua utilização para a prática de atividades criminosas.

Portanto, apesar de a exceção constitucional (CF, artigo 5º, inciso XI, *in fine*) expressamente referir-se somente à interceptação telefônica, nada impede que nas outras espécies de inviolabilidades haja possibilidade de relativização da norma constitucional, por exemplo, na permissão da gravação clandestina com autorização judicial, nas possibilidades de interceptação de correspondência, entre outras hipóteses, pois não há dúvidas de que nenhuma liberdade individual é absoluta, sendo possível, respeitados certos parâmetros, a interceptação das correspondências, das comunicações e de dados, sempre que essas liberdades públicas estiverem sendo utilizadas como instrumento de salvaguarda de práticas ilícitas, pois "afirmar que um direito é absoluto significa que ele é inviolável pelos limites que lhe são assinalados pelos motivos que o justificam" (TJ-SP, MS 13.176-0/2/SP). Portanto, a regra permanece a inviolabilidade, sendo excepcional a possibilidade de quebra dos sigilos tutelados pela Carta Magna, observados estritos requisitos.

Em segundo lugar, porque o fato de a ementa da lei afirmar somente que "regulamenta o Inciso XII, Parte Final, do artigo 5º da Constituição Federal", de forma alguma impede que o texto legal discipline outros assuntos – inclusive a proteção às comunicações telemáticas – uma vez que a lei que veicula matéria estranha ao enunciado constante de sua ementa, por só esse motivo, não ofende nenhum postulado constitucional, não vulnerando tampouco as regras de processo legislativo constitucional, pelo que excluída da possibilidade de declaração de inconstitucionalidade (STF, ADI 1.096-4), pois inexistente no vigente sistema de direito constitucional brasileiro regra idêntica à prevista pelo artigo 49 da Constituição Federal de 1934: "Os projetos de lei serão apresentados com a respectiva ementa, enunciando, de forma sucinta, o seu objetivo, e não poderão conter matéria estranha ao seu enunciado".

A proteção à inviolabilidade de dados telemáticos existentes em computadores e aparelhos celulares e *smartphones*, portanto, segue a proteção prevista na parte final do inciso XI do artigo 5º, pois inexiste qualquer inconstitucionalidade da norma de extensão prevista no parágrafo único do artigo 1º da Lei 9.296, de 24 de julho de 1996, que expressamente determina que "o disposto nesta Lei aplica-se à interceptação do fluxo de comunicação em sistemas de informática e telemática", devendo, portanto, existir rigorosa e estrita observância de todos os requisitos constitucionais e legais para o afastamento do sigilo constitucional e legalmente protegido nessas hipóteses, sob pena de ilicitude da prova obtida e seu expurgo imediato do processo, com a responsabilização daqueles que a obtiveram irregularmente.

ESCOLHA DE MINISTROS DO STF PRECISA DE MAIS PARTICIPAÇÃO DE TODOS OS PODERES*

A atuação do Supremo Tribunal Federal na concretização da legitimidade da Justiça Constitucional brasileira e em sua consagração como defensor dos direitos e garantias fundamentais foi fortemente acentuada a partir da Constituição de 1988, com as alterações propostas pelas Emendas 3/93 e 45/04 e a regulamentação das Leis 9.868 e 9.882, ambas de 1999, que optaram pela centralização da interpretação vinculante do texto constitucional em seus 11 membros.

Os reflexos dessa ampliação de efetiva atuação do Supremo Tribunal Federal trouxe novamente à discussão a questão da legitimidade da justiça constitucional em confronto com a legitimidade da maioria legislativa, principalmente na forma acentuada no campo do controle concentrado de constitucionalidade, uma vez que poderes são concedidos a um corpo de magistrados não eleitos para declaração de inconstitucionalidade de uma lei, afetando a produção legi-

---

* Publicado no ConJur – Coluna JUSTIÇA COMENTADA, de 11 de julho de 2014.

ferante do Parlamento, representante direto das aspirações populares em uma Democracia representativa.

A justiça constitucional, porém, não carece de legitimidade, pois a Constituição Federal consagrou a ideia de complementaridade entre democracia e estado de direito, pois enquanto a democracia se consubstancia no governo da maioria, baseado na soberania popular, o estado de direito consagra a supremacia das normas constitucionais, o respeito aos direitos fundamentais e o controle jurisdicional do poder estatal, não só para proteção da maioria, mas também, e basicamente, dos direitos da minoria; sendo absolutamente necessária a compatibilização do *parlamento* (que representa o princípio democrático da maioria) com a *justiça constitucional* (que representa a garantia do estado de direito e a defesa dos direitos fundamentais e dos direitos da minoria).

Dentro dessa perspectiva, acentua-se a necessidade de conjugarem-se e compatibilizarem-se as ideias de *democracia*, que se manifesta basicamente pela forma representativa, por meio do Congresso Nacional, e de *estado de direito*, que se manifesta pela consagração da supremacia constitucional e o respeito aos direitos fundamentais, tornando-se, portanto, clara a legitimidade da justiça constitucional e a necessidade de existência de seus órgãos, dotados de plena independência e que possam instrumentalizar a proteção dos preceitos e direitos constitucionais fundamentais.

O amplo controle jurisdicional exercido pelo Supremo Tribunal Federal, longe de configurar um desrespeito à vontade popular emanada por órgãos eleitos, seja no Executivo seja no Legislativo, constitui um delicado sistema de complementaridade entre a democracia e o estado de direito e precisa ser mantido, em defesa da efetiva proteção aos direitos fundamentais.

Tal constatação não impede o aperfeiçoamento deste complexo mecanismo constitucional, principalmente quanto à forma de investidura dos membros do STF, pois a sua composição é fator legitimador da justiça constitucional, havendo, portanto, necessidade da mais ampla participação popular na escolha de seus membros, por intermédio de seus representantes eleitos nos Poderes Legislativo e Executivo.

Essa salutar discussão está presente no Congresso Nacional, pois há várias propostas de Emendas constitucionais sobre o tema, e entre elas estão em tramitação no Senado Federal a PEC 50/13 (senador Antonio Carlos Rodrigues, PR-SP) e a PEC 58/13 (senador Roberto Requião, PMDB-PR), estabelecendo alterações no processo de escolha dos ministros do Supremo Tribunal Federal e prevendo a existência de mandatos temporários para o exercício do cargo.

A PEC 50 estabelece que os ministros do Supremo Tribunal Federal passem a ser escolhidos em lista sêxtupla elaborada, na forma da lei, por órgãos e entidades da área jurídica e composta de pessoas com, no mínimo, dez anos de experiência profissional na mesma área, sendo cinco vagas pelo presidente da República, três pela Câmara dos Deputados e três pelo Senado Federal; enquanto a PEC 58 prevê a fixação de mandato de oito anos para os ministros do STF, que serão nomeados após a escolha pelo presidente da República e aprovação de maioria absoluta do Senado Federal.

O tema merece reflexão, pois o atual posicionamento constitucional do STF na divisão de poderes passou a exigir a necessidade de maior aperfeiçoamento na previsão de sua composição e forma de investidura de seus membros, que, desde a primeira Constituição republicana de 1891, sofreu poucas alterações, caracterizando-se, basicamente, pela escolha e nomeação vitalícia de seus ministros pelo presidente da República, desde que presente a concordância do Senado Federal, nos mesmos moldes da Corte Suprema dos Estados Unidos.

A questão relacionada à composição do STF não pode ser colocada de maneira neutra, pois, em virtude da repercussão de suas decisões, o juiz constitucional desempenha necessariamente um papel ou uma função política. Dessa forma, todas as formas de investidura serão fortemente impregnadas do caráter de politização na escolha para a Corte, pois se trata do exercício de jurisdição constitucional e não jurisdição comum, devendo, portanto, consagrar-se a existência de requisitos capacitários mínimos e garantias de independência para o exercício da função, diminuindo-se a possibilidade da utilização dos cargos do Supremo Tribunal Federal como instrumento de política partidária.

O modelo norte-americano (1787) implantado no Brasil (1891), contudo, foi, ao longo do tempo, insuficiente e carecedor de maior legitimidade popular, sendo superado pelas novas fórmulas previstas nas Constituições europeias, que não só preveem uma participação mais efetiva dos Poderes Executivo, Legislativo e Judiciário na escolha dos membros do Tribunal Constitucional, como também exigem maiores requisitos capacitários.

Exemplificativamente, podem ser apontadas, como modelos evolutivos de designação dos membros dos tribunais constitucionais, que visaram à repartição balanceada da escolha entre os Poderes de Estado, as Constituições austríaca, francesa e a Lei Fundamental alemã, que preveem as nomeações tanto pelo Executivo quanto pelo Legislativo; enquanto a Constituição portuguesa permite nomeações com base em escolhas do Parlamento e do próprio Tribunal Constitucional e as Constituições italiana e espanhola dividem as nomeações entre o Executivo, Parlamento e a própria Magistratura.

Portanto, seria importante que os membros do STF fossem escolhidos, de maneira proporcional, pelos representantes dos Poderes Executivo, Legislativo e Judiciário, de maneira que quatro ministros fossem escolhidos livremente pelo Presidente da República e quatro ministros eleitos pelo Congresso Nacional, sendo dois por maioria absoluta da Câmara e dois por maioria absoluta do Senado Federal; sendo que os três membros restantes seriam escolhidos pelo próprio STF, entre membros da carreira da magistratura e do Ministério Público.

A escolha dos membros do STF deveria também vir acompanhada da exigência de requisitos especiais, devendo ser acrescentados aos atuais requisitos para a escolha dos 11 ministros alguns capacitários, necessários para o exercício de tão graves e importantes funções. Além da permanência da exigência da nacionalidade originária (CF, artigo 12, § 3º, inciso IV) do gozo dos direitos políticos (cidadãos) e da reputação ilibada, a Constituição Federal deve especificar a exigência, hoje absolutamente subjetiva, do *notável saber jurídico*, que, historicamente, não se mostrou satisfatória, substituindo-a por critérios objetivos.

Assim, o requisito do *notável saber jurídico*, para os quatro membros escolhidos pelo Presidente da República e para os quatro membros eleitos pelo Congresso Nacional, passaria a exigir, alternadamente, ou do exercício no mínimo de 10 anos de efetivo exercício de atividade que exija a qualificação profissional de bacharel em Direito, semelhante à exigência do Tribunal Constitucional austríaco ou a qualificação de jurista, comprovada pelo título de doutor em Direito, devidamente reconhecido, nos moldes do Tribunal Constitucional português. Para os membros escolhidos pelo STF, a exigência deveria ser de, no mínimo, 10 anos de efetivo exercício na carreira da magistratura ou do Ministério Público. A complementação de experiências reforça a legitimidade da justiça constitucional, afastando duplo perigo: o exagerado tecnicismo dos membros ou o desvirtuamento político partidário das escolhas.

Uma vez regularmente escolhidos, todos os candidatos seriam sabatinados pelo Senado Federal, para aprovação por maioria absoluta, e a posse seria dada pelo presidente do STF. Porém, antes da sabatina, o Conselho Federal da Ordem dos Advogados do Brasil deveria manifestar-se, sem caráter vinculativo, sobre os eventuais candidatos e suas qualificações, nos mesmos termos da Associação norte-americana de Advogados (ABA) que possui uma comissão para análise da escolha presidencial para a Corte Suprema, logicamente sem caráter vinculante, definindo o escolhido como *qualificado* ou *não qualificado*.

Ruy Barbosa afirmava que esse era o momento de a sociedade americana participar da escolha dos integrantes da mais alta Corte, por intermédio de um órgão da sociedade civil, tendo recordado interessante acontecimento, ao comentar o artigo 55 da Constituição Federal de 1891, sobre a participação da *Bar Association* de New York, que impediu a nomeação do Secretário de Justiça George H. Willians para o cargo de juiz da Corte Suprema norte-americana, pelo Presidente Grant, em virtude de ter agido com grande "*desacerto e consultara mal os interesses da justiça*", mesmo tendo sido herói de guerra e empossado com grande apoio popular.

Entendemos, também, que diferentemente da atual previsão e das previsões para os juízes da Suprema Corte norte-americana e do Tribunal Constitucional austríaco, a nomeação dos futuros membros do STF não deveria ser realizada de forma vitalícia, devendo a Constituição Federal instituir mandatos temporários, nos mesmos moldes do Conselho Constitucional francês, dos Tribunais Constitucionais alemão, português, espanhol e da Corte Constitucional italiana.

Há necessidade de o STF, enquanto instituição, na especial missão de interpretar a Constituição Federal, adequar-se às alterações políticas, sociais e culturais, reforçando sua histórica missão de defensor dos direitos fundamentais e diminuindo as desigualdades sociais, a fim de cooperar com os demais Poderes para a construção de uma sociedade livre, justa e solidária, como determina nossa Constituição Federal.

A alternância dos mandatos, cuja duração razoável não deve ser menor do que 10 anos, sob pena de comprometimento da excelência da Corte, e sem recondução, possibilitaria essa maior evolução e adequação sociopolítica. A vedação à recondução é garantia de independência da jurisdição constitucional, uma vez que seus membros não necessitariam permanecer vinculados às forças políticas que os apoiaram para a nomeação, reforçando a ideia de independência e neutralidade política dos membros do STF, pois os afastaria da perigosa e traiçoeira expectativa de reeleição.

Logicamente, as novas regras de investidura deveriam ser aplicadas na medida em que houvesse a vacância dos cargos, pois além de se manter aos atuais ministros do STF a regra da vitaliciedade, na qual foram empossados, impediria que todos os mandatos fossem iniciados no mesmo momento.

A maior participação de todos os poderes na escolha e investidura dos membros que compõem o Supremo Tribunal Federal e a fixação de mandatos temporários para o exercício do cargo são elementos indispensáveis ao aperfeiçoamento da complementaridade entre *democracia* e *estado de direito*, constituindo-se em uma atual necessidade de fortalecimento da legitimidade da justiça constitucional.

STF E OS PEDIDOS DE COOPERAÇÃO INTERNACIONAL EM MATÉRIA PENAL*

O aumento na utilização dos pedidos de cooperação jurídica internacional em matéria penal, principalmente no combate à corrupção e à criminalidade organizada, demanda a necessidade do Supremo Tribunal Federal definir os requisitos mínimos necessários para a utilização desse importante meio de prova, sob pena de a futura prova produzida vir a ser declarada ilícita por ferimento às inviolabilidades constitucionais, tornando importantes investigações inócuas juridicamente com grave prejuízo para toda a sociedade.

O pedido de cooperação jurídica internacional em matéria penal, apesar de algumas variações pontuais em face das leis do Estado requerido e dos tratados firmados, apresenta um núcleo legal fundamental (requisitos mínimos) necessário para seu deferimento, em respeito à Constituição Federal e ao ordenamento jurídico: (a) resumo da investigação causadora do pedido, com claras informações que identifiquem o juízo natural com competência para

---

* Publicado no ConJur – Coluna JUSTIÇA COMENTADA, de 13 de agosto de 2014.

deferi-las; (b) identificação dos investigados; (c) narrativa específica e objetiva dos fatos investigados, de maneira a demonstrar a necessidade da medida pleiteada no âmbito da investigação específica, a fim de plena observância do *princípio da especialidade*; (d) a transcrição dos dispositivos legais imputados aos investigados, de maneira a cumprir o requisito da *dupla incriminação* (mesmo que, por exemplo, na hipótese do Protocolo do Mercosul tenha havido atenuação desse requisito pelo artigo 1º, item "4"); (e) a especificação da assistência solicitada, ou seja, as diligências a serem realizadas; (f) o objetivo da medida pleiteada.

Esse núcleo legal fundamental está presente na Convenção das Nações Unidas contra a Corrupção, que é utilizada de maneira geral, em especial nos artigos 43 a 50, que foi adotada pela Assembleia Geral das Nações Unidas em 31 de outubro de 2003 e assinada pelo Brasil em 9 de dezembro de 2003 (Convenção de Mérida), tendo o Congresso Nacional aprovado seu texto por meio do Decreto Legislativo 348, de 18 de maio de 2005, e passado a vigorar no Brasil por meio do Decreto 5.687, de 31 de janeiro de 2006.

Igualmente, esse núcleo legal fundamental está em outros importantes tratados comumente utilizados pelas autoridades brasileiras, como o acordo de assistência Judiciária em Matéria Penal celebrado com o governo dos Estados Unidos da América (Decreto 3.810/2001), o Tratado de Cooperação Jurídica em Matéria Penal entre o Brasil e a Confederação Suíça (Decreto 6.974/2000), e Protocolo de Assistência Jurídica Mútua em Assuntos Penais do Mercosul (Decreto 3.468/2000), somente, nesse último caso, com atenuação da *"dupla incriminação"*, nos moldes do artigo 1º, item "4", porém exigindo expressamente respeito ao "juízo natural" e indicação do "texto das normas penais aplicáveis" e também a "identidade das pessoas sujeitas a procedimento judicial", respectivamente, nos termos do artigo 4º e artigo 6º, item "3, letras 'e' e 'f'". O descumprimento dos requisitos normativos para a cooperação jurídica internacional em matéria penal impedem o deferimento da diligência, sob pena de grave ferimento às inviolabilidades constitucionais do investigado e posterior decretação de ilicitude da prova, com incomensuráveis prejuízos à persecução penal.

Não raras vezes, o pedido de cooperação internacional é feito genericamente, sem a descrição das condutas dos sujeitos envolvidos, que é requisito essencial exigido pelos instrumentos normativos, e deve ser entendido como identificação das pessoas e respectivos atos praticados cujos direitos podem ser afetados, de forma direta e eventualmente irreversível, pelas diligências apresentadas na cooperação internacional.

Esses pedidos são inviáveis e conhecidos na doutrina como *fishing expedition*, pois constituem pedidos de cooperação jurídica em matéria penal de natureza ampla e genérica, que não preenchem os requisitos normativos, não trazendo a necessária descrição e que não tem finalidade específica, mas sim a tentativa de obtenção aleatória de algum tipo de prova, contra algum dos envolvidos, para somente depois analisar a sua indispensabilidade e a existência ou não de nexo causal.

Tais pedidos devem ser repelidos para que esse importante meio de prova não perca sua legitimidade, pois não é possível admitir a solicitação de cooperação internacional sem a identificação de sua indispensabilidade à investigação, bem como sem a demonstração do nexo causal das condutas dos investigados com a finalidade da prova pretendida.

Em situações onde os pleitos não apresentavam a presença dos requisitos legais necessários, o Supremo Tribunal Federal recusou pedidos de cooperação jurídica internacional em matéria penal, por entender que "a cooperação há de se fazer com respeito irrestrito à organicidade de Direito nacional, reafirmando-se a República como revelada por um Estado Democrático de Direito" (HC 85588/RJ, Julgamento: 5/3/2005, Publicação: *DJ* 16/3/2005 PP-00015), uma vez que, "a organicidade do Direito direciona à tramitação do processo sem atropelo. Atos processuais hão de ser implementados a partir da utilidade e da necessidade. Atos que levem a constrição, especialmente aqueles situados no campo da excepcionalidade, devem fazer-se presentes uma vez indispensáveis à apuração dos fatos", concluindo que, "é o momento de se marchar sem o desprezo a valores sedimentados, de se reiterar a máxima do Direito segundo a qual os meios justificam os fins, mas não estes, aqueles", para determinar o retorno dos autos à PGR, para análise dos documentos e provas já juntadas aos autos (Inq. 2206-3/DF, Julgamento: 7/8/2005, Publicação: *DJ* 16/8/2005 PP-00008).

Há, portanto, na esteira dessas manifestações do STF, a necessidade da fixação de parâmetros constitucionais para a utilização de cooperação jurídica internacional em matéria penal, com a imprescindível ponderação entre a necessidade de combate à corrupção e à criminalidade organizada e o respeito às inviolabilidades constitucionais.

ESTADO DEVE TUTELAR DIREITO À VIDA INDEPENDENTEMENTE DE QUESTÕES RELIGIOSAS*

Iniciado o julgamento do HC 268.459/SP, pelo Superior Tribunal de Justiça, os ministros Maria Thereza de Assis Moura e Sebastião Reis Júnior, da 6ª Turma, votaram no sentido da inexistência de crime em relação aos pais que não autorizaram a transfusão de sangue para o filho por questões religiosas, com superveniente evento morte; entendendo se tratar de figura atípica, uma vez que o procedimento médico poderia ter sido realizado mesmo à revelia da família.

Essa questão traz à baila, novamente, a importante discussão entre o balanceamento da liberdade religiosa com a laicidade do Estado, pois se a Constituição consagra a liberdade de crença, como obrigar que os pais renunciassem à sua fé, constrangendo-os a autorizar eventual transfusão de sangue? Mas, se o Estado é laico, como deixar de proteger o direito à vida e, consequentemente, não punir a morte do filho causada pela ausência de trans-

---

* Publicado no ConJur – Coluna JUSTIÇA COMENTADA, de 20 de agosto de 2014.

fusão de sangue não autorizada pelos pais em virtude de confissão religiosa?

A interpretação da Carta Magna brasileira, que manteve nossa tradição republicana de ampla liberdade religiosa, ao consagrar a inviolabilidade de crença e cultos religiosos, deve ser realizada em sua dupla acepção, pois protege o indivíduo e as diversas confissões religiosas de quaisquer intervenções ou mandamentos estatais, ao mesmo tempo em que assegura a laicidade do Estado, prevendo total liberdade estatal em relação aos dogmas e princípios religiosos.

A abrangência do preceito constitucional é ampla, pois, sendo a religião o complexo de princípios que dirigem os pensamentos, ações e adoração do homem para com Deus, deuses ou entidades, acaba por compreender a crença, o dogma, a moral, a liturgia e o culto, bem como o direito de não acreditar ou professar nenhuma fé, devendo o Estado respeito ao ateísmo.

A coerção à pessoa humana, de forma a constrangê-la a renunciar à sua fé, representa o desrespeito à diversidade democrática de ideias, filosofias e à própria diversidade espiritual, pois a proclamação constitucional da liberdade religiosa é a verdadeira consagração de maturidade do reconhecimento à liberdade de pensamento e livre manifestação de expressão, garantindo-se a ideia fundamental de tolerância religiosa e a vedação a qualquer tipo de imposição estatal de uma religião oficial em ferimento ao foro íntimo individual.

A interligação entre as ideias de liberdade religiosa e livre manifestação de expressão é histórica e fundamental, tanto que a primeira emenda à Constituição norte-americana assegura a liberdade de culto, de expressão e de imprensa, afirmando que o Congresso não legislará no sentido de estabelecer uma religião, ou proibindo o livre exercício dos cultos, ou cerceando a liberdade de palavra, ou de imprensa, ou o direito do povo de reunir-se pacificamente, e de dirigir ao governo petições para a reparação de seus agravos.

O caso julgado pelo STJ, no tocante à aceitação da diversidade de dogmas religiosos, assemelha-se ao famoso caso *West Virginia State Board of Education v. Barnette*, 319, U.S. 624 (1943), decidido pela Corte Suprema americana, onde adeptos da seita "Testemunhas de Jeová" obtiveram sua exclusão da obrigatoriedade de saudação à bandeira norte-americana em colégio estaduais, pois afirmavam que tal "ato patriótico", previsto em lei, era contrário à "proibição bíblica de adoração a imagens gravadas", tendo o Juiz Jackson, em defesa da liberdade de crença religiosa, afirmado que "quem começa a eliminar coercitivamente as discordâncias logo a seguir está exterminando os que discordam. A unificação compulsória de opiniões só consegue a unanimidade do túmulo".

A plena liberdade religiosa deve assegurar o respeito à diversidade dos dogmas e crenças, sem a hierarquização de interpretações bíblicas e religiosas que vem acarretando tantos sofrimentos desde as cruzadas e guerras santas até os atos de terrorismo em nome da fé. O respeito à fé alheia é primordial para a garantia de segurança de nossa própria fé, pois a verdadeira liberdade religiosa consagra a pluralidade, como bem lembrado por Thomas More em sua grande obra, ao narrar que "as religiões, na Utopia, variam não unicamente de uma província para outra, mas ainda dentro dos muros de cada cidade, estes adoram o Sol, aqueles divinizam a Lua ou outro qualquer planeta. Alguns veneram como Deus supremo um homem cuja glória e virtude brilharam outrora de um vivo fulgor".

O respeito a esse direito fundamental consagrado como garantia formalmente prevista pelas diversas constituições democráticas, lamentavelmente, ainda não se transformou em uma realidade universal, mas se mantém no campo da utopia como um mandamento fundamental, conforme também lembrado por Thomas More: "os utopianos incluem no número de suas mais antigas instituições a que proíbe prejudicar uma pessoa por sua religião".

Os votos proferidos por ambos os ministros do STJ seguiram o mandamento fundamental consagrado por Thomas More em *Utopia*: "Como prejudicar os pais por sua religião"? Como condená-los criminalmente pelo fato de professarem a fé em que acreditam e por suas condutas seguirem seus dogmas?

O direito à vida, não obstante, é consagrado constitucionalmente e o Estado tem a obrigação de tutelar esse primordial direito fundamental, independentemente de questões religiosas ou proibições de pais ou parentes à transfusão de sangue ou outros procedimentos médicos contrários aos seus dogmas, como no caso em questão, sob pena de comprometimento de sua laicidade, que deve ser preservada.

O Estado deve respeitar todas as confissões religiosas, bem como a ausência delas, e seus seguidores, mas jamais sua legislação, suas condutas e políticas públicas devem ser pautadas por quaisquer dogmas ou crenças religiosas, pois como bem ressaltado pelo ministro Marco Aurélio, "as garantias do Estado secular e da liberdade de culto representariam que as religiões não guiariam o tratamento estatal dispensado a outros direitos fundamentais, tais como os direitos à autodeterminação, à saúde física e mental, à privacidade, à liberdade de expressão, à liberdade de orientação sexual e à liberdade no campo da reprodução" (ADPF 54/DF).

O Poder Público, portanto, tem a obrigação constitucional de garantir a plena liberdade religiosa daqueles que professam determinada fé, mas em face de sua laicidade, não pode ser subserviente, ou mesmo conivente com qualquer dogma ou princípio religioso que possa colocar em risco a efetividade dos direitos fundamentais, dentre eles, do inalienável direito à vida.

No HC 268.459/SP, a tensão entre a dupla proteção conferida pela consagração à liberdade religiosa é máxima, pois os pais não podem ser constrangidos a renunciar à sua própria fé, não podendo existir mandamento legal forçando-os a autorizar o procedimento contrário a seus dogmas religiosos, e, consequentemente, não podem ser responsabilizados criminalmente por sua conduta omissiva, uma vez que a Constituição Federal lhes garante sua opção religiosa; ao mesmo tempo em que o Estado, mantendo sua total liberdade de atuação em relação a esse dogma religioso, deve efetivar a proteção aos direitos fundamentais, determinando aos profissionais responsáveis pela saúde pública e privada a realização de todos os procedimentos necessários à preservação da vida, independentemente das convicções religiosas dos pais ou parentes daquele que necessita do tratamento médico.

CONTROLE DE CONSTITUCIONALIDADE É VEDADO AO CONSELHO NACIONAL DE JUSTIÇA*

A Emenda Constitucional 45/04 concedeu ao Conselho Nacional de Justiça a elevada função de realizar o controle da atuação administrativa e financeira do Poder Judiciário e do cumprimento dos deveres funcionais dos juízes, estabelecendo constitucionalmente suas atribuições administrativas, em especial competindo-lhe zelar pela autonomia do Poder Judiciário e pelo cumprimento do Estatuto da Magistratura, pela observância dos princípios da administração pública e pela legalidade dos atos administrativos praticados pelos órgãos do Poder Judiciário e realizar a fiscalização ético-disciplinar de seus membros.

A atuação constitucional do CNJ, portanto, direciona-se para duas importantes missões, quais sejam o controle da atuação administrativa e financeira do Poder Judiciário e o controle do cumprimento dos deveres funcionais dos juízes, tendo a EC 45/04 estabelecido instrumentos de efetivo controle centralizado da legalidade sobre a atua-

---

* Publicado no ConJur – Coluna JUSTIÇA COMENTADA, de 10 de dezembro de 2014.

ção dos diversos juízos e tribunais, sem prejuízo, obviamente, dos controles administrativos de cada tribunal e do controle jurisdicional.

Em quase uma década, a boa atuação do CNJ vem demonstrando o acerto de sua criação pelo Congresso Nacional, porém não excluiu em diversas oportunidades a necessidade de manifestação do Supremo Tribunal Federal sobre os limites constitucionais de suas importantes competências como órgão de cúpula administrativa e disciplinar do Poder Judiciário, pois sua criação reforçou a necessidade democrática de constante aprimoramento entre os poderes e instituições de Estado na prática da harmonia exigida textualmente pelo artigo 2º da Constituição, sob pena de deflagração de embates tão nocivos à República.

A definição dos limites constitucionais das importantes competências administrativas do CNJ é imprescindível para o bom funcionamento do órgão e para manutenção de sua legitimidade constitucional, salientando-se que suas competências originárias, assim como ocorre há mais de 210 anos em relação à Corte Suprema americana e há mais de 120 anos em relação às competências originárias do Supremo Tribunal Federal, são taxativamente previstas pelo texto constitucional, pois as competências originárias dos órgãos de cúpula do Poder Judiciário exigem previsão expressa e taxativa, conforme princípio tradicional nascido com o próprio constitucionalismo norte-americano em 1787 e reconhecido no célebre caso *Marbury v. Madison* (1 Cranch 137 – 1803) e, entre nós, desde o início da República (*RTJ* 43/129, 44/563, 50/72).

Esse foi o princípio adotado pelo Congresso Nacional ao editar a EC 45/04 e estabelecer as competências originárias do Conselho Nacional de Justiça, somente no âmbito de atuação administrativa, e tornando-as excepcionais, inclusive em relação à autonomia dos tribunais, permitindo o controle jurisdicional a ser exercido pelo Supremo Tribunal Federal e não as confundindo com o exercício da função jurisdicional pelos juízes e tribunais, nem tampouco autorizando qualquer tipo de invasão nas competências fixadas aos demais órgãos e Instituições do Estado, mantendo-se, dessa maneira, a independência e harmonia entre os Poderes como princípio basilar da República protegido por diversos mecanismos de controles recíprocos que precisam, efetivamente, ser utilizados, evitando, dessa forma, a tentativa de criação inconstitucional de mecanismos que induzam à possibilidade de guerrilha institucional.

Dentro dessa perspectiva constitucional de sua criação e organização, é inconcebível a hipótese de o Conselho Nacional de Justiça, órgão administrativo sem qualquer função jurisdicional, passar a exercer controle difuso de constitucionalidade nos julgamentos de seus procedimentos, sob o pretenso argumento de que lhe seja defeso em virtude de sua competência administrativa para zelar pela observância dos princípios e regras da Administração Pública previstos no artigo 37 (Constituição Federal, artigo 103-B, § 4º, inciso II).

Assim como outros importantes órgãos administrativos previstos na Constituição Federal com atribuições expressas para defender princípios e normas constitucionais (Ministério Público – Constituição Federal, artigo 129, II – compete ao Ministério Público zelar pelo efetivo respeito dos Poderes Públicos e dos serviços de relevância aos direitos assegurados nesta Constituição, promovendo as medidas necessárias às suas garantias e Conselho Nacional do

Ministério Público, cuja previsão constitucional de atribuição é idêntica ao CNJ – Constituição Federal, artigo 130-A, § 2º, II – Compete ao CNMP zelar pela observância do artigo 37), no exercício de sua missão e finalidades previstas no texto maior, compete ao CNJ exercer na plenitude todas suas competências administrativas, sem obviamente poder usurpar o exercício da função de outros órgãos, inclusive a função jurisdicional de controle de constitucionalidade.

O exercício dessa competência jurisdicional pelo CNJ acarretaria triplo desrespeito ao texto maior, atentando tanto contra o Poder Legislativo quanto contra as próprias competências jurisdicionais do Judiciário e as competências privativas de nossa Corte Suprema.

O desrespeito do CNJ em relação ao Poder Judiciário se consubstanciaria no alargamento de suas competências administrativas originárias, pois estaria usurpando função constitucional atribuída aos juízes e tribunais (*função jurisdicional*) e ignorando expressa competência do próprio Supremo Tribunal Federal (*"guardião da Constituição"*). A declaração incidental de inconstitucionalidade ou, conforme denominação do *Chief Justice* Marshall (1 Chanch 137 – 1803 – *Marbury v. Madison*), a ampla revisão judicial somente é permitida de maneira excepcional aos juízes e tribunais para o pleno exercício de suas funções jurisdicionais, devendo o magistrado garantir a supremacia das normas constitucionais ao solucionar de forma definitiva o caso concreto posto em juízo.

Trata-se, portanto, de excepcionalidade concedida somente aos órgãos exercentes de função jurisdicional, aceita pelos mecanismos de freios e contrapesos existentes na separação de poderes e não extensível a qualquer outro órgão administrativo (cf. Henry Abraham, Thomas Cooley, Lawrence Baum, Bernard Shawartz, Carl Brent Swisher, Kermit L. Hall, Jethro Lieberman, Herman Pritchett, Robert Goldwin, entre outros).

Porém, a possibilidade de exercício do controle difuso pelo CNJ é mais grave do que somente a configuração de usurpação de função jurisdicional por órgão administrativo, em virtude da extensão dos efeitos de suas decisões em procedimentos administrativos relativos aos diversos tribunais.

O controle difuso exercido administrativamente pelo Conselho Nacional de Justiça traria consigo a *transcendência dos efeitos*, pois, na maioria das vezes, ao declarar a inconstitucionalidade ou, eufemisticamente, afastar incidentalmente a aplicação de uma lei federal ou estadual de organização judiciária, de regulamentação dos serviços judiciários ou regramento funcional da magistratura, o CNJ não só estaria julgando o caso concreto, mas também acabaria determinando aos órgãos de administração dos referidos Tribunais que deixassem de aplicar essa mesma lei para todos os demais casos idênticos, extrapolando os efeitos concretos e intrapartes e tornando-os *erga omnes e vinculantes* no âmbito daquele tribunal.

A decisão do CNJ configuraria, portanto, além de exercício não permitido de função jurisdicional, clara hipótese de transcendência dos efeitos do controle difuso, com usurpação cumulativa das competências constitucionais exclusivas tanto do Supremo Tribunal Federal (controle abstrato de constitucionalidade, Constituição Federal, artigo 102, inciso I, alínea 'a') quanto do Senado Federal (mecanismo de ampliação dos efeitos da declaração incidental de inconstitucionalidade, Constituição Federal, artigo 52, inciso X).

Tome-se como exemplo eventual procedimento de controle administrativo onde determinado candidato a cargo de servidor do Poder Judiciário requer ao CNJ a nulidade do concurso em virtude da presença de suposta inconstitucionalidade da lei estadual, vigente e eficaz, que o regulamenta. Ao declarar incidentalmente essa inconstitucionalidade e decretar a nulidade do concurso, o CNJ estará impedindo a aplicação da lei estadual pelos órgãos de administração do Judiciário local, não somente para o referido candidato que impugnou o concurso, mas também para o concurso atual e os posteriores, ou seja, a decisão terá efeitos *erga omnes e vinculantes* no âmbito daquele órgão do Poder Judiciário, a quem se aplica a lei.

Trata-se da denominada *transcendência dos efeitos do controle difuso* que o próprio Supremo Tribunal Federal não permitiu a si mesmo, se autolimitando no julgamento da Reclamação 4.335/AC, julgada em 16 de maio de 2013, por entender que a Corte Suprema não poderia invadir competência constitucional do Senado Federal, prevista no artigo 52, inciso X, do texto atual, pois a Constituição Federal previu um mecanismo específico de ampliação dos efeitos da declaração incidental de inconstitucionalidade pelo STF, autorizando que a Câmara Alta do Congresso Nacional edite resolução para suspender a execução, no todo ou em parte, de lei declarada inconstitucional incidentalmente por decisão definitiva do Supremo Tribunal Federal.

Em verdade, nas hipóteses de afastamento incidental da aplicação de lei específica no âmbito de determinado órgão do Judiciário, o Conselho Nacional de Justiça, por via reflexa, estaria automaticamente aplicando a *transcendência dos efeitos do controle difuso* e desrespeitando frontalmente a competência para o exercício do controle concentrado reservada com exclusividade ao Supremo Tribunal Federal pelo texto constitucional, pois estaria obrigando, a partir de um caso concreto, aquele órgão Judiciário a deixar de aplicar uma lei em todas as situações idênticas (*efeitos vinculantes*). A transformação do controle difuso em concentrado em virtude da transmutação de seus efeitos, com patente usurpação da competência exclusiva do Supremo Tribunal Federal, não é admitida em nosso ordenamento jurídico constitucional nem mesmo em âmbito jurisdicional, quanto mais em âmbito administrativo.

Em hipóteses semelhantes, no âmbito do exercício de função jurisdicional, o Supremo Tribunal Federal não entende possível que a decisão jurisdicional e incidental de inconstitucionalidade de juiz ou tribunal em um caso concreto extrapole seus efeitos entre as partes e passe a gerar reflexos *erga omnes*.

Veda-se, portanto, a utilização de instrumentos processuais que visem à obtenção de feitos gerais nas declarações de inconstitucionalidade de lei ou ato normativo, não importando se tal declaração consta como pedido principal ou como pedido incidental, pois mesmo nessa última hipótese, a declaração de inconstitucionalidade poderá não se restringir somente às partes daquele processo. É o que se proíbe, por exemplo, em alguns casos onde se pretende a declaração incidental de inconstitucionalidade em sede de ação civil pública como sucedâneo de ação direta de inconstitucionalidade, a fim de exercer controle concentrado de constitucionalidade (STF/Rcls. 633, 554, 2224).

Não bastasse a configuração do desrespeito à função jurisdicional e a competência exclusiva do STF, essa hipótese fere as funções do Legislativo, pois a possibilidade do CNJ declarar a inconstitucionalidade de lei ou ato normativo do poder público incidentalmente em seus procedimentos administrativos atentaria frontalmente contra os mecanismos recíprocos de freios e contrapesos (*check and balances*) estabelecidos no texto constitucional como pilares à Separação de Poderes, e que se consubstancia em cláusula pétrea em nosso sistema normativo, nos termos do artigo 60, § 4º, inciso III, da Constituição Federal, pois ausente a necessária legitimidade constitucional a que esse, ou qualquer outro órgão administrativo, possa afastar leis devidamente emanadas pelo Poder Legislativo.

Não restam dúvidas, portanto, que permitir ao Conselho Nacional de Justiça, inclusive de ofício, o exercício do controle difuso de constitucionalidade em relação às leis federais e estaduais de regência do Poder Judiciário, com consequente transcendência dos efeitos de suas decisões vinculando todos os órgãos de administração judiciária daquele determinado órgão, seria o reconhecimento de novas e perigosas competências originárias de caráter jurisdicional não previstas no texto constitucional, em usurpação às competências do Supremo Tribunal Federal.

Aceitar a possibilidade de exercício de controle difuso pelo Conselho Nacional de Justiça seria reconhecer substancial e inconstitucional acréscimo à sua competência de controle da atividade administrativa e financeira do Judiciário e controle ético-disciplinar de seus membros (ADI 3367), apesar da inexistência dessa previsão na EC 45/04, transformando-o de órgão de cúpula administrativa em verdadeiro Tribunal Constitucional no âmbito do Poder Judiciário e concedendo-lhe a possibilidade de analisar de ofício ou por provocação de qualquer pessoa (legitimidade popular) todas as leis estaduais ou federais de incidência na atividade administrativa, financeira ou ético-disciplinar do Judiciário, com efeitos vinculantes de suas decisões em relação aos órgãos administrativos dos demais Tribunais, que não poderiam negar aplicação àquela decisão.

Mesmo que a decisão do Conselho Nacional de Justiça fosse restrita ao âmbito da legislação do Poder Judiciário, a Constituição Federal não admite qualquer hipótese de controvérsia sobre a exclusividade do Supremo Tribunal Federal como o órgão detentor da grave missão constitucional de "Guardião da Constituição", com ampla possibilidade de utilização das técnicas de interpretação constitucional como instrumento de mutação informal de seu texto, mediante compatibilização de seus princípios com as exigências e transformações históricas, sociais e culturais da sociedade, principalmente para concretização e defesa integral e efetividade máxima dos direitos fundamentais e dos princípios da administração pública.

Trata-se da efetivação da ideia de Hans Kelsen, exposta por esse em artigo publicado em 1930 (*Quem deve ser o guardião da Constituição?*), onde defendeu a existência de uma Justiça constitucional como meio adequado de garantia da essência da Democracia, efetivando a proteção de todos os grupos sociais – proteção contramajoritária – e contribuindo com a paz social, pois a Assembleia Nacional Constituinte consagrou nosso Poder Judiciário, no exercício da função jurisdicional, como guardião final do texto constitucional, e o Supremo Tribunal Federal como seu maior intérprete, protegendo essa escolha com o manto da cláusula pétrea da separação de Poderes (Constituição Federal, artigo 60, § 4º, inciso III).

Haveria nessa hipótese *inaceitável subversão constitucional*, pois o texto constitucional não prevê essa competência jurisdicional ao Conselho Nacional de Justiça, que, igualmente, não se submete às regras de freios e contrapesos previstas pela Constituição Federal ao Supremo Tribunal Federal para interpretar seu texto (legitimidade taxativa, pertinência temática, cláusula de reserva de plenário, quórum qualificado para modulação dos efeitos, quórum qualificado para edição de súmulas vinculantes entre outros), e que acabam por ponderar, balancear e limitar esse poder.

A Constituição Federal não permite, sob pena de desrespeito aos artigos 52, inciso X, 102, inciso I, alínea "a" e 103-B, ao Conselho Nacional de Justiça o exercício do controle difuso de constitucionalidade, mesmo que, repita-se, seja eufemisticamente denominado de competência administrativa de deixar de aplicar a lei vigente e eficaz no caso concreto com reflexos para os órgãos da Magistratura submetidos ao procedimento administrativo, sob o argumento de zelar pela observância dos princípios da administração pública e pela legalidade dos atos administrativos praticados por membros ou órgãos do Poder Judiciário, pois representaria usurpação de função jurisdicional, invasão à competência exclusiva do Supremo Tribunal Federal e desrespeito ao Poder Legislativo.

SUPREMO DEVE DECIDIR SOBRE SUPERVISÃO JUDICIAL NAS INVESTIGAÇÕES PENAIS*

A 1ª Turma do STF, após os votos favoráveis dos ministros Marco Aurélio e Dias Toffoli, suspendeu o julgamento de importantíssima questão de ordem relacionada à possibilidade de efetiva supervisão judicial em investigações do Ministério Público e visando ao encerramento de inquérito (Inq. 3.815) sobre a participação de parlamentares federais em possíveis irregularidades em licitações do Metrô de São Paulo, em virtude da verificação de atipicidade das condutas imputadas após as diligências pertinentes ao caso e requeridas pela Procuradoria Geral da República terem sido realizadas.

A grande discussão dessa questão de ordem, na qual realizei sustentação oral, diz respeito à análise de ocorrência de injusto constrangimento pela continuidade de procedimento investigatório quando constatada a atipicidade dos fatos imputados aos investigados, em face da ausência de indicação de indícios de materialidade e autoria trazidos

---

* Publicado no ConJur – Coluna JUSTIÇA COMENTADA, de 24 de setembro de 2014.

pelas diligências solicitadas pelo próprio Ministério Público como imprescindíveis para a continuidade do inquérito.

Não se trata, obviamente, de afastamento ou limitação à titularidade exclusiva da ação penal pelo Ministério Público (CF, artigo 129, inciso I), consagrada constitucionalmente como garantia efetiva de imparcialidade do órgão acusatório, mas sim da ampla possibilidade de revisão judicial de condutas atentatórias aos direitos e garantias individuais, uma vez que a inércia da Procuradoria Geral da República em analisar as provas trazidas a seu pedido e que comprovaram a atipicidade dos fatos configura grave atentado ao *status libertatis* dos investigados, sendo lícita a concessão de *Habeas Corpus* de ofício pelo Poder Judiciário para trancamento imediato da investigação.

O injusto constrangimento decorrente dessa total ausência de indicação pelo Ministério Público de tipicidade penal dos fatos investigados, mesmo tendo esgotada materialmente a investigação, impede que o *Parquet* mantenha o inquérito indefinidamente à espera de novas provas que possam eventualmente ser encontradas em outros procedimentos investigatórios, desmembrados do principal e envolvendo pessoas diversas. Exatamente em virtude disso, a legislação processual penal admite a reabertura da investigação caso surjam fatos novos.

O Supremo Tribunal Federal já possui esse entendimento, pois reconhece que, apesar da impossibilidade de arquivamento *ex officio* de investigações criminais em nosso ordenamento jurídico pela autoridade judicial, em virtude da titularidade exclusiva da ação penal pelo Ministério Público (CF, artigo 129, I), é dever do Poder Judiciário exercer sua "atividade de supervisão judicial" (STF, Pet. 3825/MT,

Rel. Min. Gilmar Mendes), fazendo cessar toda e qualquer ilegal coação por parte do Estado, por meio de *Habeas Corpus* de ofício, quando o *Parquet* insiste em manter procedimento investigatório mesmo ausente a tipicidade penal dos fatos investigados.

Na hipótese de encerramento das diligências requeridas pelo Ministério Público sem qualquer indicação de elementos mínimos de materialidade e autoria, tornando impossível a imputação de conduta específica que aponte qualquer tipicidade penal, é necessário o término da investigação, pois como bem ressaltado pelo ministro Celso de Mello, a impossibilidade de arquivamento de inquérito sem proposta pelo Ministério Público "não impede que o magistrado, se eventualmente vislumbrar ausente a tipicidade penal dos fatos investigados, reconheça caracterizada situação de injusto constrangimento, tornando-se consequentemente lícita a concessão *ex officio* de ordem de *habeas corpus* em favor daquele submetido a ilegal coação por parte do Estado (CPP, artigo 654, § 2º)." (STF, HC 106.124).

Não é possível a permanência indeterminada de investigações ou inquéritos policiais ou judiciais quando as diligências realizadas demonstraram a ausência de qualquer indício de materialidade e autoria, tornando impossível ao Ministério Público o apontamento de existência de fato típico na conduta do investigado (*quis*), ou qualquer indicação dos meios que o mesmo teria empregado (*quibus auxiliis*) em relação às condutas objeto de investigação, ou ainda, o malefício que produziu (*quid*), os motivos que o determinaram (*quomodo*), o lugar onde a praticou (*ubi*), o tempo (*quando*) ou, por fim, qualquer outra informação relevante que justificasse a manutenção da investigação.

Nessas hipóteses, a inércia do Ministério Público em analisar a prova produzida, mantendo indeterminadamente a investigação, sem apontamento de qualquer fato típico, estará configurando o injusto constrangimento e ausência de justa causa para manutenção do inquérito, representando, sem qualquer dúvida, grave desrespeito aos direitos fundamentais do investigado, como bem salientado pelo ministro Sepúlveda Pertence: "estamos todos cansados de ouvir que o inquérito policial é apenas um 'ônus do cidadão', que não constitui constrangimento ilegal algum e não inculpa ninguém (embora, depois, na fixação da pena, venhamos a dizer que o mero indiciamento constitui maus antecedentes: são todas desculpas, Sr. Presidente, de quem nunca respondeu a inquérito policial algum). Mas é demais dizer-se que não se pode sequer examinar o fato sugerido, o fato apontado, e impedir a sequência de constrangimentos de que se constitui uma investigação criminal – seja ela policial ou seja, no caso judicial – sobre alguém que, à primeira vista, se evidencia não ter praticado crime algum, independentemente de qualquer juízo ético a fazer no caso".

Torna-se, portanto, absolutamente imprescindível a atuação judicial em defesa do *status libertatis*, quando esgotadas todas as diligências requeridas pelo Ministério Público constatar-se a ausência de tipicidade penal dos fatos investigados, por ausência de mínimos indícios de materialidade e autoria, com a consequente necessidade de cessação imediata desse ilegal constrangimento. Com a palavra, nossa Corte Suprema!

IMPEDIR ACESSO DE CPIS A PROVAS AGRAVA CRISE DE REPRESENTATIVIDADE*

Em decisão de 9 de setembro de 2014, o ministro Teori Zavascki, a pedido da CPI da Petrobras, deferiu "o requerimento para determinar o encaminhamento, à Comissão requerente, de cópia integral dos autos da Reclamação 17.623 e da Pet. 5170, em meio eletrônico (edição vedada), em prazo não superior a 48 (quarenta e oito) horas", entendendo que "é certo que o artigo 58, parágrafo 3º, da Constituição da República dispõe que as Comissões Parlamentares de Inquérito terão poderes de investigação próprios das autoridades judiciais, além de outros previstos nos regimentos das respectivas Casas. Verificada a competência constitucionalmente atribuída às referidas comissões para realizar atividade apuratória, nada impede o compartilhamento das provas obtidas em investigação judicial, quando presente correlação entre os objetos das aludidas apurações, ressalvadas, todavia, as restrições de publicidade inerentes a autos que tramitem em segredo de Justiça".

---

* Publicado no ConJur – Coluna JUSTIÇA COMENTADA, de 1º de outubro de 2014.

Essa determinação trouxe novamente à discussão as balizas de atuação das Comissões Parlamentares de Inquérito, que no exercício da função típica do Poder Legislativo consistente no controle parlamentar, devem fiscalizar especialmente os atos da Administração Pública, com poderes de investigação próprios das autoridades judiciais, além de outros previstos nos regimentos das respectivas Casas, e serão criadas pela Câmara dos Deputados e pelo Senado Federal, em conjunto ou separadamente, mediante requerimento de um terço de seus membros, para apuração de um fato determinado e por prazo certo, sendo suas conclusões, se for o caso, encaminhadas ao Ministério Público, para que promova a responsabilidade civil ou criminal dos infratores.

As CPIs terão os mesmos poderes instrutórios que os magistrados possuem durante a instrução processual penal, inclusive com a possibilidade de invasão das liberdades públicas individuais, salvo quando presente a exigência da cláusula de reserva jurisdicional, como, por exemplo, para expedição de mandado de busca e apreensão domiciliar e determinação de interceptação telefônica, pois como salientam Canotilho e Vital Moreira, "os poderes das comissões de inquérito têm um limite naqueles direitos fundamentais dos cidadãos que, mesmo em investigação criminal, não podem ser afectados senão por decisão de um juiz" (*Constituição da república portuguesa anotada*. 3. ed. Coimbra: Coimbra Editora, 1993. p. 720), uma vez que, conforme adverte o ministro Celso de Mello, a presença expressa dessa cláusula consubstancia "ao Poder Judiciário, não apenas o direito de proferir a última palavra, mas, sobretudo, a prerrogativa de dizer, desde logo, a primeira palavra, excluindo-se, desse modo, por força e autoridade do que dispõe a própria Constituição, a possibilidade do exercício de iguais atribuições, por parte de quaisquer outros órgãos ou autoridades do Estado" (MS 23.452-1/RJ).

A atuação livre das comissões parlamentares de inquérito é consagrada pela Constituição Federal como verdadeiro direito das minorias parlamentares, com fundamento como ensina o ministro Celso de Mello, "no direito de oposição, legítimo consectário do princípio democrático" (STF – Pleno – MS 24831/DF; MS 24845/DF). O exercício das competências congressuais, logicamente, deverá ser exercido dentro dos mesmos limites constitucionais impostos ao Poder Judiciário (STF, MS 23.491-1/DF), seja em relação ao respeito aos direitos fundamentais (STF, MS 23.452-1/RJ), seja em relação à necessária fundamentação e publicidade de seus atos, seja, ainda, na necessidade de resguardo de informações confidenciais e preservação dos direitos dos investigados, inclusive no caso em questão dos delatores, pois, conforme decidido em situações conexas pela Corte Suprema Norte Americana, "o Bill of Rights é aplicável aos inquéritos parlamentares, do mesmo modo que a todas as outras formas de ação governamental" (*Watkins v. United States*. 354 US 178 – 1957 – *Chief Justice* Warren).

Assim, para que o Congresso Nacional exercite seu legítimo direito de minoria e consagre a efetividade do princípio democrático, o Supremo Tribunal Federal já definiu como regra em nosso ordenamento jurídico que o paradigma para os poderes das CPIs deve ser o conjunto de competências que os magistrados possuem durante a instrução processual penal, relacionados à dilação probatória, em busca da verdade material, nos mesmos termos proclamados pela lei fundamental alemã, que em seu artigo 44, item

2, ao se referir as comissões de inquérito, estabelece que "as disposições relativas ao processo penal terão aplicação por analogia à apuração de provas".

Ressalte-se, ainda, que as investigações realizadas por CPIs comportam integralmente o compartilhamento de todas as provas essenciais para a investigação congressual, para que haja o efetivo e pleno exercício constitucional da competência das comissões de inquérito em promover a investigação de fatos que estejam inclusive sendo investigados em outros inquéritos ou processos judiciais conexos, inclusive, tendo a CPI direito ao pleno acesso ao compartilhamento de provas e documentos existentes nessas outras investigações, mesmo que sigilosas (HC 100.341), e em relação àqueles depoimentos obtidos mediante delação premiada junto ao Ministério Público se conexos com os fatos apurados pela CPI, pois na obtenção desse meio de prova não se aplica a *cláusula de reserva jurisdicional*.

Como bem destacado por nossa Corte Suprema, "o inquérito parlamentar, realizado por qualquer CPI, qualifica-se como procedimento jurídico-constitucional revestido de autonomia e dotado de finalidade própria, circunstância esta que permite à Comissão legislativa – sempre respeitados os limites inerentes à competência material do Poder Legislativo e observados os fatos determinados que ditaram a sua constituição – promover a pertinente investigação, ainda que os atos investigatórios possam incidir, eventualmente, sobre aspectos referentes a acontecimentos sujeitos a inquéritos policiais ou a processos judiciais que guardem conexão com o evento principal objeto da apuração congressual" (MS 23.639-6/DF. Conferir no mesmo sentido: MS 23.652-3/DF).

Qualquer cerceamento direcionado às CPIs em relação ao integral, legítimo e efetivo exercício do direito de investigação das minorias parlamentares, inclusive na produção e compartilhamento de provas existentes em procedimentos conexos, será flagrantemente inconstitucional, caracterizando desrespeito frontal ao direito de minorias parlamentares e ao princípio democrático, em verdadeiro desrespeito ao aprofundamento democrático da ordem política, impedindo a plena e integral participação popular – por meio de seus representantes eleitos e componentes de Comissões Parlamentares de Inquérito – de todos e de cada uma das pessoas na vida política do país, em especial, na fiscalização dos atos ilícitos praticados pela Administração Pública, afastando o necessário processo de democratização, que como ensinam Canotilho e Vital Moreira (*Fundamentos da Constituição*. Coimbra: Coimbra Editora, 1991. p. 195), é essencial para o respeito à soberania popular e concretização da Democracia, existente somente onde há real fiscalização dos governantes escolhidos mediante eleições honestas e livres, como relembra Maurice Duverger (*Os partidos políticos*. Rio de Janeiro: Zahar, 1970. p. 387).

Nesse verdadeiro processo de democratização, a representação política, como apontado por Carl J. Friedrich (*Gobierno constitucional y democracia*. Madri: Instituto de Estudios Políticos, 1975. p. 16 ss.), não deve ser meramente teórica, pois uma democracia autêntica e real exige o efetivo exercício das competências constitucionais previstas aos poderes constituídos, e, em especial ao Congresso Nacional, como verdadeiro corolário ao direito de cidadania dos representados.

O princípio democrático não permite o cerceamento inconstitucional das CPIs no exercício de sua missão constitucional, pois tendo todos os "poderes de investigação vinculados à produção de elementos probatórios para apurar fatos certos" (STF, MS 23.471/DF), deverá ter pleno acesso e compartilhamento ao material probatório para cumprir sua finalidade constitucional, desde que resguarde o sigilo do mesmo quando necessário, pois, como ressaltado pelo ministro Marco Aurélio, "o que se contém no parágrafo 3º do artigo 58 da Constituição Federal, relativamente ao vocábulo poderes, não pode ser dissociado do fim último das Comissões Parlamentares de Inquérito, ou seja, a investigação" (MS 23.454-7/DF).

O ferimento das competências constitucionais das Comissões Parlamentares de Inquérito consistirá em perigoso aumento do indesejável distanciamento entre a vontade popular – que clama pela responsável e eficaz investigação dos fatos – e seus congressistas, acarretando funesto agravamento na crise de representação parlamentar e fatal desvirtuamento da democracia representativa, que somente se fortalece quando os representantes gozam da confiança dos representados por exercer suas competências, como bem advertido por Norberto Bobbio (*O futuro da democracia*. Rio de Janeiro: Paz e Terra, 1986. p. 42), sob pena de ocorrência da advertência de Dalmo Dallari, para o "descrédito dos corpos representativos e o consequente desinteresse popular pelas eleições" (*O renascer do Direito*. 2. ed. São Paulo: Saraiva, 1996. p. 132).

RESSARCIMENTO AO ERÁRIO POR IMPROBIDADE NÃO PODE SER PLEITEADA EM AÇÃO AUTÔNOMA*

O combate à corrupção, à ilegalidade e à imoralidade no seio do Poder Público, com graves reflexos na carência de recursos para implementação de políticas públicas de qualidade, deve ser prioridade absoluta no âmbito de todos órgãos constitucionalmente institucionalizados.

A corrupção é a negativa do Estado Constitucional, que tem por missão a manutenção da retidão e da honestidade na conduta dos negócios públicos, pois não só desvia os recursos necessários para a efetiva e eficiente prestação dos serviços públicos, mas também corrói os pilares do Estado de Direito e contamina a necessária legitimidade dos detentores de cargos públicos, vital para a preservação da Democracia representativa.

A eficiência no combate à corrupção e a severidade na aplicação das necessárias sanções pela prática de atos de improbidade administrativa devem, contudo, respeitar a garantia do Devido Processo Legal e seus Princípios coro-

---

* Publicado no ConJur – Coluna JUSTIÇA COMENTADA, de 29 de outubro de 2014.

lários da Ampla Defesa e Contraditório, que configuram essencial proteção ao indivíduo, atuando tanto no âmbito material de proteção ao direito de liberdade (no campo penal), aos direitos políticos (no campo da improbidade) e ao direito de propriedade (ressarcimento ao erário e multas civis), quanto no âmbito formal, ao assegurar-lhe paridade total de condições com o Estado-persecutor e plenitude de defesa, visando impedir o arbítrio do Estado e salvaguardar o indivíduo da aplicação de sanções irregulares.

A responsabilização por ato de improbidade administrativa, com a consequente aplicação das sanções previstas no artigo 12 da Lei 8.429/92 (LIA), somente poderá ocorrer após a constatação da prática das elementares do tipo previstas nos artigos 9, 10 ou 11, e desde que presente o necessário elemento subjetivo do tipo (dolo), ou na hipótese do artigo 10, também o elemento normativo (culpa), pois a persecução estatal também no âmbito da improbidade administrativa está vinculada a "padrões normativos, que, consagrados pela Constituição e pelas leis, traduzem limitações significativas ao poder do Estado", já que "a própria exigência de processo judicial representa poderoso fator de inibição do arbítrio estatal e de restrição ao poder de coerção do Estado" (STF, *RTJ* 161/264).

Nos termos do referido artigo 12, independentemente das sanções penais, civis e administrativas previstas na legislação específica, estará o responsável pelo ato de improbidade sujeito às seguintes cominações, que podem ser aplicadas isolada ou cumulativamente, de acordo com a gravidade do fato: ressarcimento integral do dano, perda dos bens ou valores acrescidos ilicitamente ao patrimônio, quando houver, perda da função pública, suspensão dos direitos políticos, pagamento de multa civil e proibição de contratar com o Poder Público ou receber benefícios ou incentivos fiscais ou creditícios, direta ou indiretamente, ainda que por intermédio de pessoa jurídica da qual seja sócio majoritário.

Ocorre, porém, que o artigo 23 da LIA estabeleceu que as ações destinadas a levar a efeitos as sanções previstas nesta lei podem ser propostas: (I) até cinco anos após o término do exercício de mandato, de cargo em comissão ou de função de confiança; (II) dentro do prazo prescricional previsto em lei específica para faltas disciplinares puníveis com demissão a bem do serviço público, nos casos de exercício de cargo efetivo ou emprego. Excepcionalmente, porém, nos termos do § 5º do artigo 37 da Constituição Federal, o ressarcimento ao erário público decorrente de ato de improbidade administrativa, previsto como sanção no artigo 12, será imprescritível.

Em virtude disso, discute-se se, uma vez prescritas as demais sanções aplicáveis pela prática de ato de improbidade, seria possível o ajuizamento ou a continuidade da ação civil condenatória, somente para aplicação da sanção de ressarcimento ao erário decorrente da Lei 8.429/92 (STJ: Resps. 434.661/MS, 1.089.492/RO, 928.725/DF, 1.218.202/MG, 1.089.492/RO 1.303.170/PA, 1331203/DF), ou se seria exigível procedimento genérico e autônomo, com a propositura de mera ação de ressarcimento (STJ: Resps. 801846/AM, 1232548/SP).

A discussão sobre a necessidade de ação autônoma de ressarcimento ou da própria ação condenatória por ato de improbidade deverá sempre levar em consideração que, apesar da obrigatória necessidade de reposição de eventual prejuízo ao erário em qualquer hipótese de dano ao patrimônio público, o ressarcimento integral do dano pela prática de ato de improbidade foi estabelecido constitucional e legalmente como sanção, podendo ser aplicada a partir de condenação e somente após o devido processo legal, iniciado com o ajuizamento de ação principal, pelo rito ordinário, proposta pelo Ministério Público ou pela pessoa jurídica interessada e garantidos os princípios constitucionais da ampla defesa e do contraditório.

A necessidade de ajuizamento ou de prosseguimento de ação civil de condenatória para fins de ressarcimento ao erário público, mesmo nos casos de prescrição das demais sanções previstas na Lei 8.429/92 deriva, portanto, da própria exigência de comprovação da prática de fato típico definido como "ato de improbidade administrativa", bem como da existência de responsabilidade subjetiva do agente; pois, caso o autor da ação não consiga demonstrar esses elementos, inexistirá a possibilidade de aplicação dessa sanção, mesmo que protegida pela imprescritibilidade e, consequentemente, não haverá a responsabilidade do réu em ressarcir o erário público pela prática de improbidade administrativa.

Dessa maneira, o Poder Judiciário somente poderá aplicar as sanções por ato de improbidade administrativa previstas na Lei 8.429/92, entre elas a de ressarcimento ao erário, após sentença condenatória que confirme a materialidade e autoria de uma das condutas tipificadas nos artigos 9, 10 ou 11 da lei, bem como a existência do elemento subjetivo por parte do agente público que o praticou (dolo), ou na hipótese do artigo 10 também o elemento normativo (culpa) e de eventual beneficiário, pois a comprovação da prática de ato de improbidade administrativa é essencial para que o Poder Judiciário possa impor as sanções devidas, inclusive, o ressarcimento ao erário; devendo, portanto, existir imputação específica pelo autor da ação de uma das condutas descritas nos artigos 9, 10 ou 11, que possibilite ao acusado o exercício do contraditório e da ampla defesa.

Em outras palavras, nos termos do artigo 37, parágrafo 4º da Constituição Federal e da Lei 8.429/92, somente haverá a possibilidade da imposição de ressarcimento ao erário público se o agente público ou o beneficiário for condenado pela prática de ato de improbidade administrativa, não se confundindo, portanto, com as demais hipóteses de dever de ressarcimento motivadas pela prática de outros atos que não os definidos pela referida lei.

Não concordamos, portanto, com a afirmação de que a obrigação de ressarcimento ao erário público, quando derivada da prática de ato de improbidade administrativa, possa ser pleiteada em ação autônoma, pois a ação indenizatória tem causa de pedir diferenciada da ação condenatória por ato improbidade administrativa, pois, nessas hipóteses, a causa de pedir do ressarcimento ao erário público é especificamente a ocorrência dessa ilegalidade ou imoralidade qualificadas, mesmo que não seja possível responsabilizar o agente público ou os beneficiários pelas demais sanções do artigo 23 da LIA.

Não se trata de mera ação de ressarcimento ou indenizatória movida com base em responsabilidade objetiva ou subjetiva pela prática de outro ato ilícito que não esteja tipificado como ato de improbidade administrativa; pelo contrário, independentemente da prescrição das demais sanções, o autor da ação estará imputando ao réu a prática de atos de improbidade administrativa, e consequentemente deverá descrevê-los na inicial, apontando e comprovando a prática de conduta típica específica, sob pena de grave ferimento à ampla defesa, uma vez que a imprescritibilidade do dano perseguida em juízo decorre diretamente da imputação da prática de um ato de improbidade administrativa.

A necessidade de ajuizamento ou de prosseguimento de ação civil de improbidade administrativa para fins de ressarcimento ao erário público, mesmo nos casos de prescrição das demais sanções previstas na Lei 8.429/92, decorre da necessidade de fiel observância ao Princípio da Tutela Judicial Efetiva, que supõe o estrito cumprimento pelos órgãos judiciários dos Princípios processuais previstos no ordenamento jurídico, em especial o Devido Processo Legal, o Contraditório e a Ampla Defesa, incluídas todas as previsões específicas da Lei 8.429/92, pois as previsões processuais e a sequência procedimental não são mero conjunto de trâmites burocráticos, mas um rígido sistema de garantias para as partes visando ao asseguramento de justa e imparcial decisão final, com eventual imposição de sanção.

Lembremo-nos de que a mácula pela condenação por improbidade administrativa, mesmo que somente possível a determinação de ressarcimento ao erário público em face da prescrição das demais sanções, é muito mais grave do que a mera condenação em ação de ressarcimento genérico; devendo, pois, ser garantido ao acusado o devido processo legal previsto pela Lei 8.429/92, com a necessidade de plena comprovação da prática do ato de improbidade.

A ocorrência de prescrição em relação às demais espécies sancionatórias estabelecidas para reprimenda da prática do ato de improbidade não afasta a possibilidade de os legitimados ingressarem com a ação civil condenatória com base na Lei 8.429/92, pleiteando somente a sanção de ressarcimento, ou mesmo continuarem a perseguir em juízo a aplicação da única sanção imprescritível, qual seja, a de natureza ressarcitória, pois não será constitucionalmente permitido que o réu possa ser responsabilizado pela prática de ato de improbidade e consequentemente condenado ao ressarcimento ao erário – mesmo que prescritas todas as demais sanções – sem a integral possibilidade de exercer a ampla defesa e o contraditório, durante o procedimento legal previsto pela própria LIA, sob pena de flagrante desrespeito aos Princípios do Devido Processo Legal, da Reserva Legal e Anterioridade.

NOVOS INSTRUMENTOS PERMITEM CONCRETIZAR DIREITOS HUMANOS NO STF E STJ*

Na luta pela concretização da plena eficácia universal dos direitos humanos, o Brasil, mais recentemente, seguiu importante tendência internacional adotada em diversos ordenamentos jurídicos estrangeiros, como na Alemanha, Espanha, Portugal e Argentina, entre outros, ao aprovar a Emenda Constitucional 45/04, que concedeu ao Congresso Nacional a possibilidade de incorporação com *status* constitucional de tratados e convenções internacionais que versem sobre Direitos Humanos; bem como permitiu o deslocamento de competência nas hipóteses de grave violação a esses direitos.

Na previsão do § 3º do artigo 5º, o texto constitucional estabeleceu que os tratados e convenções internacionais sobre direitos humanos que forem aprovados, em cada Casa do Congresso Nacional, em dois turnos, por três quintos dos votos dos respectivos membros, serão equivalentes às emendas constitucionais e, consequentemente, passarão a

---

* Publicado no ConJur – Coluna JUSTIÇA COMENTADA, de 10 de dezembro de 2014.

compor nosso "bloco de constitucionalidade", garantindo maior eficácia às suas previsões, pois poderão servir de paradigma para impugnações de leis ou atos normativos que não observem o absoluto respeito e efetividade dos direitos humanos. Nesses termos, há a Convenção sobre os Direitos das Pessoas com Deficiência e seu Protocolo Facultativo, assinados em Nova York, em 30 de março de 2007, que foi devidamente incorporada ao nosso ordenamento jurídico interno com *status* constitucional pelo Decreto Presidencial 6.949, de 25 de agosto de 2009.

Esse novo instituto passou a permitir, inclusive, o controle concentrado de constitucionalidade pelo STF – Ação Direta de Inconstitucionalidade (ADI), Ação Declaratória de Constitucionalidade (ADC), Arguição de Descumprimento de Preceito Fundamental (ADPF) e ADI-omissão –, em relação a todo ordenamento jurídico interno que contrarie tratados sobre direitos humanos devidamente incorporados na forma do § 3º do artigo 5º da CF; garantindo maior eficácia e efetividade à proteção à dignidade da pessoa humana. Importante destacar, também, que além do surgimento desse novo instrumento, a evolução na ampla proteção e garantia de efetividade dos direitos humanos foi reforçada pela alteração de posicionamento jurídico do Supremo Tribunal Federal, que passou a proclamar o *status da supra legalidade* dos tratados internacionais sobre direitos humanos incorporados no ordenamento jurídico brasileiro antes da EC 45/04, dando-lhes prevalência sobre o ordenamento jurídico pátrio, pois como definido pelo STF, "o *status* normativo supralegal dos tratados internacionais de direitos humanos subscritos pelo Brasil torna inaplicável a legislação infraconstitucional com ele conflitante, seja ela anterior ou posterior ao ato de adesão" (RE 349703).

Essa alteração de posicionamento permitiu ao Supremo Tribunal Federal garantir verdadeira evolução na proteção dos direitos humanos fundamentais, com a elevação de importância de diplomas internacionais concretizadores de plena eficácia dos direitos humanos fundamentais, por meio de normas gerais internacionais tuteladoras de bens da vida primordiais (dignidade, vida, segurança, liberdade, honra, moral, entre outros) e previsões de instrumentos políticos e jurídicos de implementação dos mesmos em face de todos os Estados soberanos.

Entre outros diplomas legais internacionais, que carecem ainda de maior aplicação interna no Brasil, e que seguiram a filosofia da Declaração Universal dos Direitos Humanos adotada e proclamada pela Resolução 217, letra "A", inciso III, da Assembleia Geral das Nações Unidas, em 10 de dezembro de 1948, assinada pelo Brasil nessa mesma data, reafirmando a crença dos povos das Nações Unidas nos direitos humanos fundamentais, na dignidade e no valor da pessoa humana e na igualdade de direitos do homem e da mulher, visando à promoção do progresso social e à melhoria das condições de vida em uma ampla liberdade, podemos citar: Pacto Internacional dos Direitos Civis e Políticos; Pacto Internacional dos Direitos Econômicos, Sociais e Culturais, de 16 de dezembro de 1966; Convenção sobre a Eliminação de todas as Formas de Discriminação Racial, de 21 de dezembro de 1965; Convenção Americana sobre Direitos Humanos – Pacto de San José da Costa Rica, de 22 de novembro de 1969; Convenção sobre a Eliminação de todas as Formas de Discriminação contra a Mulher, de 18 de dezembro de 1979; Convenção contra a Tortura e outros Tratamentos ou Penas Cruéis, Desumanas ou Degradantes, de 10 de dezembro de 1984; Convenção Interamericana para Prevenir e Punir a

Tortura, de 9 de dezembro de 1985; Declaração do Direito ao Desenvolvimento, de 4 de dezembro 1986; Convenção sobre os Direitos da Criança, de 20 de outubro de 1989; Declaração e Programa de Ação de Viena, de 25 de junho de 1993; Convenção Interamericana para Prevenir, Punir e Erradicar a Violência contra a Mulher, de 6 de junho de 1994, e ratificada pelo Brasil em 27 de novembro de 1995; Declaração de Pequim adotada pela quarta conferência mundial sobre as mulheres, de 15 de setembro de 1995.

Em defesa, ainda, da maior eficácia dos Direitos Humanos Fundamentais, a EC 45/04 consagrou a submissão do Brasil à jurisdição de Tribunal Penal Internacional a cuja criação tenha manifestado adesão, bem como, no âmbito interno, previu, nas hipóteses de grave violação de direitos humanos, a possibilidade de o Procurador-Geral da República, com a finalidade de assegurar o cumprimento de obrigações decorrentes de tratados internacionais de direitos humanos dos quais o Brasil seja parte, suscitar, perante o Superior Tribunal de Justiça, em qualquer fase do inquérito ou processo, incidente de deslocamento de competência para a Justiça Federal (CF, artigo 109, § 5º).

Esse instituto, conhecido como "Incidente de deslocamento de competência" (IDC), durante esse período, foi utilizado cinco vezes pelo Superior Tribunal de Justiça, sendo que em duas oportunidades houve o deslocamento de competência, levando-se sempre em conta a necessidade da presença de três requisitos essenciais: (a) grave violação a direitos humanos; (b) risco de responsabilização internacional pelo descumprimento de obrigações derivadas de tratados internacionais; e (c) notória incapacidade das instâncias e autoridades locais em oferecer respostas efetivas.

Em grave ocorrência, envolvendo homicídio de vereador, reconhecido como defensor dos Direitos Humanos e autor de inúmeras denúncias contra a atuação de grupos de extermínio na fronteira dos Estados da Paraíba e Pernambuco, o Superior Tribunal de Justiça, em 27 de outubro de 2010, a pedido do Procurador-Geral da República e nos termos da previsão constitucional trazida pela EC 45/04, deslocou a competência para apuração dos fatos para a Justiça Federal (IDC 02).

Conforme destacado pela Ministra Relatora Laurita Vaz, presentes os requisitos, as circunstâncias exigiram "a necessidade de ações estatais firmes e eficientes, as quais, por muito tempo, as autoridades locais não foram capazes de adotar, até porque a zona limítrofe potencializa as dificuldades de coordenação entre os órgãos dos dois Estados", o Superior Tribunal de Justiça concluiu ser "oportuno e conveniente a imediata entrega das investigações e do processamento da ação penal em tela aos órgãos federais".

Da mesma maneira, no IDC 5, em 13 de agosto de 2014, também envolvendo o Direito à Vida e o Pacto de San José da Costa Rica, o STJ entendeu presentes os requisitos necessários e deslocou para a Justiça Federal a investigação de grupos de extermínio que atuam no interior de Pernambuco, e na hipótese haviam assassinado um promotor de justiça. O Ministro Relator, Rogério Shietti Cruz, destacou que o fato ocorrido no denominado "Triângulo da Pistolagem" ampliou o "certo e notório conflito institucional que se instalou, inarredavelmente, entre os órgãos envolvidos com a investigação e a persecução penal dos ainda não identificados autores do crime", bem como que "a falta de entendimento operacional entre a

Polícia Civil e o Ministério Público estadual ensejou um conjunto de falhas na investigação criminal que arrisca comprometer o resultado final da persecução penal, inclusive, de gerar a impunidade dos mandantes e executores do citado crime de homicídio".

Essas alterações constitucionais e jurisprudenciais são notáveis, pois permitem ao Supremo Tribunal Federal e ao Superior Tribunal de Justiça a intensificação da luta pela universalização dos direitos humanos, pois a edição e evolução de tratados internacionais versando sobre esse objeto, bem como a previsão constitucional de novos instrumentos protetivos de sua real efetividade reforçaram a ideia básica da constitucionalização dos direitos humanos fundamentais, qual seja, a garantia de concretização de sua eficácia, a partir da qual qualquer indivíduo poderá exigir sua ampla e efetiva tutela, sem qualquer possibilidade de discriminação.

REFERÊNCIAS

ALLAN, T. R. S. *Constitutional justice*. Oxford: University Press, 2006.

BARBOSA, Ruy. *Comentários à Constituição Federal Brasileira*. São Paulo: Saraiva, 1993. 3. v.

BASTOS, Celso Ribeiro; MARTINS, Ives Gandra da Silva. *Comentários à Constituição do Brasil*. São Paulo: Saraiva, 6. v.

BOBBIO, Norberto. *Igualdad y libertad*. Barcelona: Paidós, 1993.

_____. *O futuro da democracia*: uma defesa das regras do jogo. Rio de Janeiro: Paz e Terra, 1986.

BONAVIDES, Paulo. *Curso de direito constitucional*. 29. ed. São Paulo: Malheiros, 2014.

BUENO, Pimenta. *Direito público brasileiro e análise da Constituição do Império*. Rio de Janeiro: Nova Edição, 1958.

CANOTILHO, J. J. Gomes. *Direito constitucional*. Coimbra: Almedina, 1993.

CANOTILHO, J. J. Gomes.; MOREIRA, Vital. *Constituição da república portuguesa anotada*. 3. ed. Coimbra: Coimbra Editora, 1993.

_____. *Constituição dirigente e vinculação do legislador*. Coimbra: Coimbra Editora, 1994.

_____. *Fundamentos da constituição*. Coimbra: Coimbra Editora, 1991.

CAVALCANTI, Themistocles Brandão. *A Constituição Federal comentada*. Rio de Janeiro: Forense, 1948.

DAHL, Robert A. *Sobre a democracia*. Brasília: UnB, 2001.

DAVID, René. *Os grandes sistemas do direito contemporâneo*. São Paulo: Martins Fontes, 1998.

FERREIRA FILHO, Manoel Gonçalves. *Curso de direito constitucional*. 27. ed. São Paulo: Saraiva, 2001.

_____. *O poder constituinte*. São Paulo: Saraiva, 1985.

_____. *Comentários à Constituição brasileira de 1988*. São Paulo: Saraiva, 4. v.

FERREIRA, Pinto. *Comentários à Constituição brasileira*. São Paulo: Saraiva, 1989.

FRIEDRICH, Carl Joaquim. *Gobierno constitucional y democracia*. Madri: Instituto de Estudos Políticos, 1975.

GARCÍA DE ENTERRÍA, Eduardo. *La Constitución como norma y el tribunal constitucional*. 3. ed. Madri: Civitas, 1994.

GUETZÉEVICTH, Mirkine. *As novas tendências do direito constitucional*. São Paulo: Nacional, 1993.

HAMILTON, Alexandre; MADISON, James; JAY, John. *O federalista*. Trad. De Heitor Almeida Herrera. Brasília: Universidade de Brasílía, 1984.

HORTA, Raul Machado. *Estudos de direito constitucional*. Belo Horizonte: Del Rey, 1999.

LOEWENSTEIN, Karl. *Teoria de Ia constitucián*. Trad. Alfredo G. Anabitarte. Barcelona: Ariel,1986.

LOVELAND, Ian D. *Constitutional law*. Second Series. The International Library of Essays in Law & Legal Theory. Ashgate/Dartmouth, London, 2000.

MELLO FILHO, José Celso. *Constituição Federal anotada*. 2. ed. São Paulo: Saraiva, 1986.

MENDES, Gilmar. *Curso de direito constitucional*. 9. ed. São Paulo: Saraiva, 2014.

MIRANDA, Jorge. *Manual de direito constitucional*. 4. ed. Coimbra: Coimbra Editora, 1990. 4 t.

MIRANDA, Pontes. *Comentários à Constituição de 1967*. 2. ed. São Paulo: Revista dos Tribunais, 1983.

_____. *Comentários à Constituição de 1946*. Rio de Janeiro: Henrique Cahem, 1946.

MONTESQUIEU, Charles Louis de Secondat. *O espírito das leis*. Introdução, tradução e notas de Pedro Vieira Mota. 3. ed. São Paulo: Saraiva, 1994.

MORAES, Alexandre de. *Constituição do Brasil interpretada e Legislação Constitucional*. 9. ed. São Paulo: Atlas, 2013.

_____. *Direito Constitucional*. 31. ed. São Paulo: Atlas, 2015.

MORAES, Alexandre de. *Jurisdição Constitucional e Tribunais Constitucionais*. 3. ed. São Paulo: Atlas, 2013.

RAÓ, Vicente. *O direito e a vida dos direitos*. São Paulo: Max Limonad, 1960.

ROUSSEAU, Jean-Jacques, *O contrato social*. Cidade: Editora, 1993.

SCHWARTZ, Bernard. *Direito constitucional americano*. Rio de Janeiro: Forense,1966.

SILVA, José Afonso da. *Aplicabilidade das normas constitucionais*. 12. ed. São Paulo: Revista dos Tribunais, 1982.

_____. *Curso de direito constitucional positivo*. 37. ed. São Paulo: Malheiros, 2014.

TEIXEIRA, José Horácio Meirelles. *Curso de direito constitucional*. Atualização Maria Garcia. Rio de Janeiro: Forense Universitária, 1991.

TEMER, Michel. *Elementos de direito constitucional*. 24. ed. São Paulo: Malheiros, 2014.

Formato	14 x 21 cm
Tipografia	Iowan OldSt BT 11/15
Papel	Offset Sun Paper 90 g/m² (miolo)
	Supremo 250 g/m² (capa)
Número de páginas	224
Impressão	Intergraf